CÓMO HACER UNA BUENA CONFESIÓN

16a. Edicion
320.000 Ejemplares

APOSTOLADO BÍBLICO CATÓLICO

LOS EFECTOS DEL SACRAMENTO DE LA PENITENCIA

(Según el nuevo Catecismo de la Iglesia Católica)

El Sacramento de la Penitencia nos devuelve la gracia de Dios y nos une a Él con profunda amistad. A quienes lo reciben con un corazón arrepentido y con las debidas disposiciones les trae la paz y la tranquilidad a la conciencia y un profundo consuelo espiritual (No. 1468).

Este Libro fue Revisado por el R.P. Juan Bonilla S D B,Censor de la Comunidad. Y Aprobado por Monseñor Luis Carlos Riveros(†) Doctor en Teología de la Universidad Gregoriana de Roma y Obispo Misionero de Granada.

16a. Edición - 320.000 Ejemplares
Febrero del año 2003
Impresos en: ***JMC Editores***
A.A. 95365 - Bogotá, Colombia

Impreso en Colombia
Printed in Colombia

CON LAS DEBIDAS LICENCIAS ECLESIASTICAS

INTRODUCCIÓN

LA IMPORTANCIA DE HACER UNA BUENA CONFESIÓN

Cuando en 1983, el Papa Juan Pablo II reunió a obispos de todos los países del mundo para el "Sínodo" en Roma, el tema que trataron fue el de "PENITENCIA Y RECONCILIACION". El Papa emitió luego un documento titulado así: "Reconciliación y Penitencia"; y tanto el Pontífice como el Sínodo recomendaron con vehemencia: "Es necesario hacer a los fieles una Catequesis lo más esmerada posible acerca del Sacramento de la Penitencia". Este folleto quiere ser una respuesta a tan importante recomendación.

• • • • • • • • • • • • • •

DICEN QUE SI JUDAS ISCARIOTE el traidor, después de haber vendido a Cristo, en vez de suicidarse, más bien hubiera aguardado a la semana siguiente y presentándose a San Pedro le hubiera dicho arrepentido: "Pedro, he pecado, vendiendo al Señor Jesús". Pedro le habría respondido: "¿Cuántas veces lo vendiste?" -Una sola vez-. Pues mira, yo lo negué tres veces y El me perdonó misericordiosamente. Además el domingo de Pascua al aparecerse resucitado sopló nuestras cabezas y nos dijo: "Recibid el Espíritu Santo, a todo el que le perdonéis sus pecados le quedan perdonados". Así que yo, en nombre de Nuestro Señor

Jesucristo resucitado te perdono todos tus pecados". Y Judas en vez de irse a la perdición habría subido por el camino de la perfección. Cuántos Judas andan desdichados por el mundo por no ir a un ministro de Cristo que les conceda el perdón, y con el perdón la alegría y la paz.

La mayor parte de las personas solamente hacen tres confesiones en su vida y todas las tres las hacen mal. La primera es en preparación a la primera comunión: están tan pequeñitos, tan deficientemente preparados, y con tanto susto, que ni saben lo que dicen ni lo que se les dice (Aquel confesor llevaba cinco minutos dándole consejos al niño que estaba al otro lado del confesonario. Al fin le pregunta: "Entendió? -Y el niño responde: "33". "33 qué?" le dice el confesor. Ah, es que yo estaba era contando las hormigas que están entrando por esta rendija". Así es la atención del niño al confesarse). La segunda confesión es para muchos la del día del matrimonio: piensan en todo: ponqué, vestidos, trago, etc., pero en ponerse en paz con Dios?... nada. Dejan para confesarse a última hora y dicen un par de bobaditas, y los verdaderos pecados graves no los dicen, ni se arrepienten de ellos. Y como en la confesión no se perdona sino aquello de lo que uno pida perdón, se les quedan casi todos los pecados sin perdonar. Es la segunda confesión mal hecha. Y la tercera es la de la hora de la muerte. Los sacerdotes saben que "confesión de enfermo es confesión enferma", porque en esos momentos hay tantos factores qué atender: los dolores, el desvanecimiento, la memoria que ya no funciona bien, las drogas... y llega el sacerdote y mientras los parientes y amigos exclaman: "se confesó, murió como un santo!" el ministro de Dios sabe que fue una confesión en que el otro no dijo casi nada ni se arrepintió de nada, porque ya no era capaz de hacerlo. Dejó para el final el confesarse bien, y le pasó como al soldado que aguarda para aprender a manejar el fusil a que el enemigo llegue a la batalla. Ya no tendrá tiempo y se quedará sin aprender a manejarlo. Quien se confesó muchas veces y bien durante su vida, también se confesará santamente a la hora de la muerte. Pero el que nunca se preocupa por hacer buenas confesiones, que no se haga ilusiones para la hora final. Como se vive se muere. Hacia el lado al que esté ladeado el árbol, hacia ese lado caerá. No creamos que viviendo ladeados hacia el descuido y la pereza nos vamos a caer hacia el lado de la santidad y salvación. Como es la vida, así será la muerte. Por eso en vida vamos a aprender a confesarnos bien y al final pondremos broche de oro a nuestra existencia con una excelente confesión, que será nuestro mejor pasaporte para entrar al cielo.

PECAR ES TRAICIONAR A JESUS.
Como Judas que lo entregó con un beso.

LO QUE SE GANA CON UNA BUENA CONFESIÓN

Recuerdo de mi Confesión

LA CONFESION ME DEVUELVE LA AMISTAD CON JESUCRISTO

LO QUE SE GANA CON UNA BUENA CONFESION:

En el hospital estaban tratando de una úlcera al estómago a una señora muy nerviosa, pero todos los tratamientos resultaban inútiles. La glándula pituitaria (esa que está detrás de la nariz y que a cada pensamiento angustioso que tengamos segrega un ácido corrosivo) seguía enviando ácidos que llegaban al estómago y recrudecían la úlcera. Al fin uno de los médicos, muy buen sicólogo, dijo al Padre Capellán: "Padre, yo creo que esa enferma debe tener algún pecado sin perdonar y que le atormenta, y mientras ella sufra de "complejo de culpa" será imposible su curación. Quiere confesarla"? El sacerdote le dijo a la enferma: "Desea confesarse? -No Padre-. Por qué?- Porque mis pecados son tan grandes que Dios ya no me perdona- Pero cómo no le va a perdonar si Jesucristo el Hijo de Dios se dejó crucificar para pagar con su sangre sus pecados? Si Jesús dijo que El no vino a buscar santos sino pecadores y que en el cielo hay más alegría por un pecador que se convierte que por 99 santos que no necesitan conversión? -Ah Padre- exclamó la enferma, yo no me confieso, porque Ud. se escandaliza de mis pecados- Jamás, jamás- respondió el sacerdote- Nosotros hemos tenido que oír tantas maldades, y la S. Biblia nos dice que aunque los pecados sean rojos como la tela más roja del mundo, si la persona está arrepentida, Dios dejará el alma más blanca que la nieve más blanca que pueda existir -Padre, pero es que no estoy preparada! -Bueno- dijo el capellán, yo le ayudaré a prepararse- Y le fue enseñando los métodos que se explican en este folleto, y al tercer día la confesó detenidamente, con toda paz y tranquilidad. Cuando la mujer terminó su confesión estaba llorando de emoción, y llena de entusiasmo y de paz exclamó: Padre, siento un descanso tan grande, como si me hubieran quitado un camión de 50 toneladas de sobre mis hombros". A los quince días se encontró de nuevo el sacerdote con el médico y le preguntó: Doctor y la señora de la úlcera? -Padre, ya se fue curada. Lo único que su úlcera necesitaba para cicatrizar era que ella se viera libre del "complejo de culpa". Ahora que se ha sentido perdonada ya su pituitaria no le segregó más ácidos, sino las hormonas curativas que esa glándula produce cuando se tienen pensamientos positivos y alegres". La confesion la curó de alma y de cuerpo.

Cuántos andan por la vida llevando al hombro el cadáver podrido de sus pecados sin perdonar, pudiendo dejar ese cadáver en el confesonario, por medio de una buena confesión. Un día un hombre gritó a San Benito Labre que vestía como un pordiosero: "Ud. es un desdichado". Y San Benito le respondió: "No soy desdichado. Soy pobre pero no desdichado. Los únicos desdichados son los que viven en pecado". Quiere Ud. no ser un desdichado? Lea con atención este folleto. Aquí va a encontrar cómo zafársele a sus pecados por medio de una confesión perfectamente bien hecha, que le traerá a Ud. más paz y alegría que si hubiera tomado tres frascos de remedios para los nervios. No le pedimos que nos crea. Sólo le pedimos que haga la prueba. Se sentirá verdaderamente feliz, de cuerpo y de espíritu. Quiera Dios que así sea!

EL CONSEJO DE UN GRAN SICOLOGO

Jagot es un escritor y profesor universitario norteamericano de fama mundial, pero no es católico. Sus clases tiene qué dictarlas en enormes salones porque su alumnado no cabe en las aulas de clase. Un día ante un auditorio de más de mil personas, enumerando los remedios para vivir en paz y tranquilidad, exclamó: "Alguno de Ustedes es católico? Pues oiga bien mi consejo: Practique frecuentemente la confesión. Yo no soy católico pero sé muy bien que no existe en el mundo otra práctica religiosa que atraiga más paz y tranquilidad al espíritu que la confesión de los católicos, bien hecha y con las debidas disposiciones".

LO QUE SE OBTIENE CON EL SACRAMENTO DE LA PENITENCIA:

Los que se acercan al sacramento de la penitencia obtienen de la misericordia de Dios el perdón de los pecados y se reconcilian con la Iglesia (Catecismo de Juan Pablo II No. 1422).

II

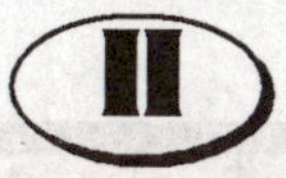

DUDAS ACERCA DE LA CONFESIÓN

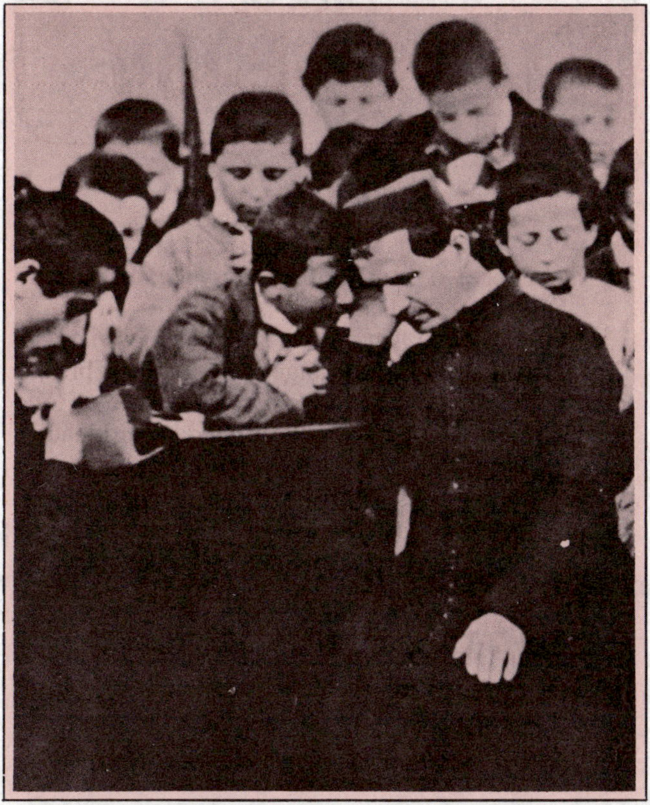

San Juan Bosco confesando. *(Fotografía de 1860)*

CUATRO DUDAS ACERCA DE LA CONFESIÓN

a) En qué se basan los católicos para decir que los sacerdotes sí pueden perdonar pecados?

R: En la frase que Jesús dijo a sus apóstoles el día de la Resurrección: dice el evangelio que sopló sobre sus cabezas y les dijo: "Recibid el Espíritu Santo. A todo el que le perdonéis los pecados, le quedan perdonados. (San Juan 20) Los Apóstoles se murieron y como Cristo quería que ese gran don de su perdón llegara a todas las personas de todos los siglos, les dio ese poder de manera que fuera transmisible, que ellos pudieran transmitirlo a sus sucesores. Y así lo hicieron. Por medio de la imposición de sus manos ellos dejaban en cada lugar "presbíteros", o sea sacerdotes, y al frente de ellos un obispo. Estos tienen hoy el poder que Jesús dio a sus apóstoles: "A todo el que le perdonéis los pecados, le quedan perdonados".

b) Pero luego no es como dicen los protestantes que la confesión la inventaron los curas en el año 1215?

R: Se ve que el que dice que la confesión la inventaron los curas no sabe lo cansón y agotador que es confesar. Pasar horas y en un confesonario, con calor agobiante o frío entumecedor, oyendo miserias, sin pago ni sueldo ninguno por hacer esto, escuchando lo que no tiene ningún atractivo, aguantando el olor fétido del mal aliento de los pecadores. Bien poco inteligentes tenían que haber sido los curas para inventar esto que tanto los iba a hacer sufrir.

El sacerdote no puede contar lo que oye en confesión ni aprovecharse de nada de lo que allí escucha, porque la Iglesia tiene reservadas penas severísimas para el que esto hiciere.

Entonces qué fue lo que la Iglesia hizo en 1215?

Lo que pasó en 1215 es que se reunieron los obispos de todo el mundo, en una reunión llamada **Concilio de Letrán,** en Roma, y decretaron que todo católico debe confesarse al menos una vez al año. Ellos no inventaron la confesión. Ella ya existía desde muchísimos años atrás. Imagínense el alboroto tan terrible que se hubiera producido si a esas alturas de la vida a los obispos se les hubiera ocurrido inventar una cosa tan dura y tan difícil como es tener que ir a decirle los pecados a otro hombre.

Ya en el siglo tercero el más grande sabio de su tiempo, llamado Orígenes, dejó escrito: "Se perdonan las culpas cuando el pecador no se avergüenza de confesar sus pecados al sacerdote". Así que la confesión no fue invento de los curas u obispos en el año 1215 en el Concilio de Letrán. Lo que allí hicieron fue dar un decreto ordenando que cada católico debía confesarse una vez al año. Pero la costumbre de confesarse venía desde antiquísimos tiempos.

c) Dicen los adversarios: COMO SE LE OCURRE CONFESARSE CON UN PECADOR COMO UD.?

R: Es como si dijéramos: "Un médico que esté enfermo no puede recetar a nadie. Sus recetas no valen". Qué idiotez!

...¿PERO SI EL SACERDOTE ES PECADOR COMO NOSOTROS?

Claro que lo es, porque es humano. Dice la S. Biblia. "Si alguno dice que no ha pecado, es un mentiroso (San Juan 1, 8).El sacerdote es probablemente mucho menos pecador de lo que la gente se imagina, porque tiene más defensas para librarse del pecado. Por ej., tiene una formación religiosa muy seria. Tiene desde el seminario un gran respeto a Dios y un gran temor a disgustarlo, porque lo ama mucho y porque sabe las terribles consecuencias que traen los pecados. Tiene menos ocasiones de pecar, porque la Iglesia (su Cardenal, su Obispo, su superior) lo vigilan paternalmente con mucho esmero para no permitir que el demonio venga a hacerle mal.

Jesús resucitado se aparece a los apóstoles y les da el poder de perdonar.

Dijo Jesús: "RECIBID EL ESPIRITU SANTO. A TODO EL QUE LE PERDONEIS LOS PECADOS, LE QUEDAN PERDONADOS" (S. Juan 20, 22).

Pero es que el Cura es un pecador

También los 12 apóstoles eran pecadores y sin embargo Jesús les dio poder para perdonar pecados. Es que el sacerdote no dice al pecador. "Te perdono, porque yo no he cometido eso que tú confiesas". No. No dice eso. Lo que dice es "Te perdono por el poder que para ello recibí de Nuestro Señor Jesucristo".

Si un Juez que es malgeniado y peleador va a sacar de la cárcel a uno que está allá por ser también malgeniado y peleador, el policía no le puede decir: "Señor Juez Ud. no puede sacar de la cárcel a este malgeniado porque Ud. también tiene mal genio, No señor. El juez lo saca de la cárcel porque tiene poder recibido de la autoridad Suprema Judicial de su nación, y aunque él sea malo, tiene poderes para absolver a los demás. Así el sacerdote: aunque él sea pecador (que quizá lo es menos de lo que le inventan los enemigos) tiene poder de Dios para perdonar, y lo que él perdona en la tierra queda perdonado en el cielo porque Jesús dijo: "Lo que desatéis en la tierra queda desatado en el cielo" (San Mateo 18).

El sacerdote perdona los pecados, no porque él no sea pecador, sino que perdona los pecados por una sola razón: porque recibió poder para ello de la Altísima Autoridad que se llama Jesucristo.

ESTA ES UNA GRAN DIFERENCIA ENTRE CATOLICOS Y PROTESTANTES. El protestante comete un pecado y ora a Dios, y pide perdón pero muy difícilmente queda seguro de haber sido perdonado. En cambio el católico, después de un pecado, busca un sacerdote, y con arrepentimiento sincero, con tristeza de haber ofendido al buen Dios, y propósito de ser mejor en adelante, le confiesa sus faltas. Cuando el sacerdote levanta su mano bendecida y le dice: "Yo te absuelvo en el nombre del Padre, y del Hijo, y del Espíritu Santo", el pecador queda con una seguridad de haber sido perdonado, y con una paz en el alma, que no encuentra en ninguna otra religión.

Por eso decía un judío: "Yo envidio a los católicos. Yo cuando peco, pido perdón a Dios, pero no estoy muy seguro de si he sido perdonado o no. En cambio el católico, cuando se confiesa con su sacerdote, queda tan seguro del perdón, que esa paz no la he visto en ninguna otra religión de la tierra".

Y HAY OTRA GRAN DIFERENCIA

Un protestante comete un pecado. Entra a su habitación, ora con fervor, y dice: "Ya he sido perdonado". Qué fácil! Podrá seguir pecando y pecando, porque obtener el perdón es muy fácil. Por eso ninguna religión lleva a una mayor relajación de las costumbres que la religión protestante. (Por ej. Suecia, Dinamarca, son países totalmente protestantes, y totalmente corrompidos).

En cambio el católico, sabe que no es pecar y rezar y empatar. No es que "el que peca y reza, empata". Hay que ir a buscar un sacerdote. Hacer un acto de humildad. (La confesión es un acto maravilloso de humildad). Decirle claramente sus pecados. Y recibir sus advertencias. No serán regaños, pero sí son advertencias que lo despiertan. (Sacudidas como las que le damos a un chofer que en una gran recta se duerme. Lo despertamos aunque se disguste un poco, para que no se vaya al abismo).

Pongamos un caso. Esa mujer católica está matando los hijos antes de nacer (aborto se llama este crimen). No es que llega a su pieza, reza, y se arregló todo. No. Tiene que ir donde el sacerdote y confesarle su pecado... "Señora: Se da cuenta del crimen horrendo que está cometiendo? No ve que le caerá el castigo de Caín? No sabe que queda excomulgada cada vez que hace un aborto?... Haga una penitencia en grande... Ella quizás hasta llora en ese momento... Pero antes del próximo aborto lo pensará dos veces... Así sí, le aprovechó el perdón: fue perdonada, pero fue amonestada. Y ese señor que compra lo robado? Y esa novia que se deja irrespetar por el novio? Y esa mujer que quita la fama con su lengua? Y ese borracho? Ah, en el confesonario se encuentran con alguien que les habla en nombre de Dios y les hace reflexionar, y cambiar de vida.

Cuántos miles de personas mejoraron su vida solo con hacer una buena confesión! En eso sí que les ganamos a los protestantes! Por eso un gran sicólogo decía: "Yo no conozco ningún método tan bueno para mejorar una vida como la confesión de los católicos".

PARA UNA DEBILIDAD INFINITA:
la nuestra.

HAY UNA MISERICORDIA INFINITA:
la de Cristo.

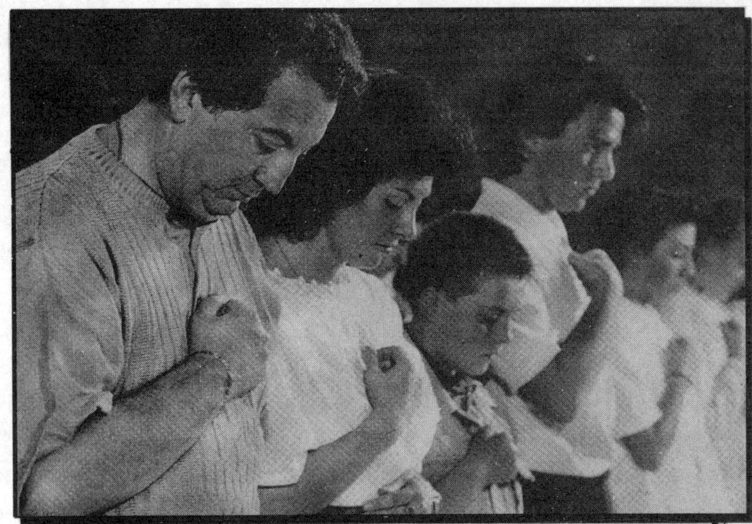

ORACION
PARA ANTES DE LA CONFESION

Dios mío, heme aquí de nuevo con el ánimo de recibir el sacramento de la penitencia. Bajo tu mirada voy a examinar mi conciencia...

Dame tu luz para ver mis pecados y tu gracia para que me acerque con toda confianza al sacerdote que está aquí como tu representante...

Ayúdame a conocer bien mis pecados y a encontrar en lo posible la causa...

Haz que los deteste sinceramente y que me corrija...

Virgen María, concédeme ser sincero en mi confesión y renacer a la gracia de una manera más generosa y entusiasta.

Amén.

LOS NOMBRES DE ESTE SACRAMENTO

(Según el Catecismo de Juan Pablo II Nos. 1423s.)

Se le llama: **Sacramento de conversión,** porque consigue lo que Jesús desea cuando invita a la conversión.

Sacramento de la penitencia: porque realiza los tres actos de la virtud de la penitencia: conversión, arrepentimiento, y reparación de los pecados cometidos.

Sacramento de la confesión: porque su elemento esencial es la confesión de los pecados ante el sacerdote. Es también una "confesión" o reconocimiento y alabanza de la santidad de Dios y de su misericordia para con el pecador.

Sacramento del perdón: porque por la absolución del sacerdote, Dios concede al penitente el perdón y la paz.

Sacramento de la reconciliación: porque concede al pecador el amor de Dios que lo reconcilia con El, cumpliendo así el deseo de San Pablo que decía: "Déjense reconciliar con Dios (2 Cor. 5, 20) 1424.

LAS DIVERSAS FORMAS DE HACER PENITENCIA

(Según el Catecismo de la Iglesia Católica, de Juan Pablo II Nos. 1431ss)

La Sagrada Escritura recomienda especialmente tres maneras de hacer penitencia: **la oración, el ayuno y la limosna.** Y existen otras formas de penitencia muy recomendables, como por ej., los esfuerzos por reconciliarse con el prójimo, el arrepentimiento por haber ofendido a Dios ("las lágrimas de penitencia", llamaban a esto los antiguos), y el consultar a un director espiritual, o el aceptar con paciencia los sufrimientos diarios (que es lo que Jesús llamaba: "tomar la cruz de cada día").

Hay otra manera muy buena de hacer penitencia, y es el esforzarse por obtener que otros conozcan y amen a Dios (el apóstol Santiago decía: "quien convierte a un pecador de su camino equivocado, conseguirá el perdón de muchos pecados" Sant. 5, 20). Otra buena penitencia consiste en hacer actos de caridad hacia los demás, pues San Pedro dijo: "El tener caridad, borra multitud de pecados" (1Pedr. 4, 8) 1434-35.

Y además: la lectura de la Sagrada Escritura, el decir el Padrenuestro y los actos de contrición; el practicar cada viernes alguna mortificación, en recuerdo de la Pasión y Muerte de Cristo, y el asistir a peregrinaciones de penitencia (1437).

LAS CINCO COSAS NECESARIAS
PARA HACER
UNA BUENA CONFESIÓN

Los cinco actos del Hijo Pródigo: 1º Examina su conciencia. 2º Se arrepiente. 3º Hace propósito de volver al padre. 4º Pide perdón. 5º Paga con buenas obras sus pecados.

EL SACRAMENTO DE LA CONFESIÓN

Qué es el Sacramento de la Confesión?

R: La Confesión es el Sacramento en el cual por medio de la absolución del sacerdote, recibimos el perdón de nuestros pecados si los confesamos arrepentidos.

El Apóstol Santiago dice: "Confesaos unos a otros vuestros pecados para que seáis salvos. Y si alguno convierte a un pecador de su mal camino salvará su alma de la muerte" (Santiago 5, 16).

Qué gracias o favores especiales se obtienen con la Confesión?

R: Con la confesión se obtienen tres gracias o favores especiales. 1. Nos devuelve o nos aumenta la gracia santificante, la amistad con Dios. 2. Nos da fuerzas especiales para rechazar el pecado y las tentaciones. 3. Nos da asco y antipatía por todo lo que sea ofender a Dios.

Las 5 cosas que son necesarias para recibir dignamente el Sacramento de la Confesión

Para recibir dignamente el sacramento de la confesión son necesarias cinco cosas: 1ª Examen de conciencia. 2ª Arrepentirse de los pecados. 3ª Hacer propósito de dejar de pecar. 4ª Confesarse con el sacerdote. 5ª Cumplir la penitencia que le ponga el confesor.

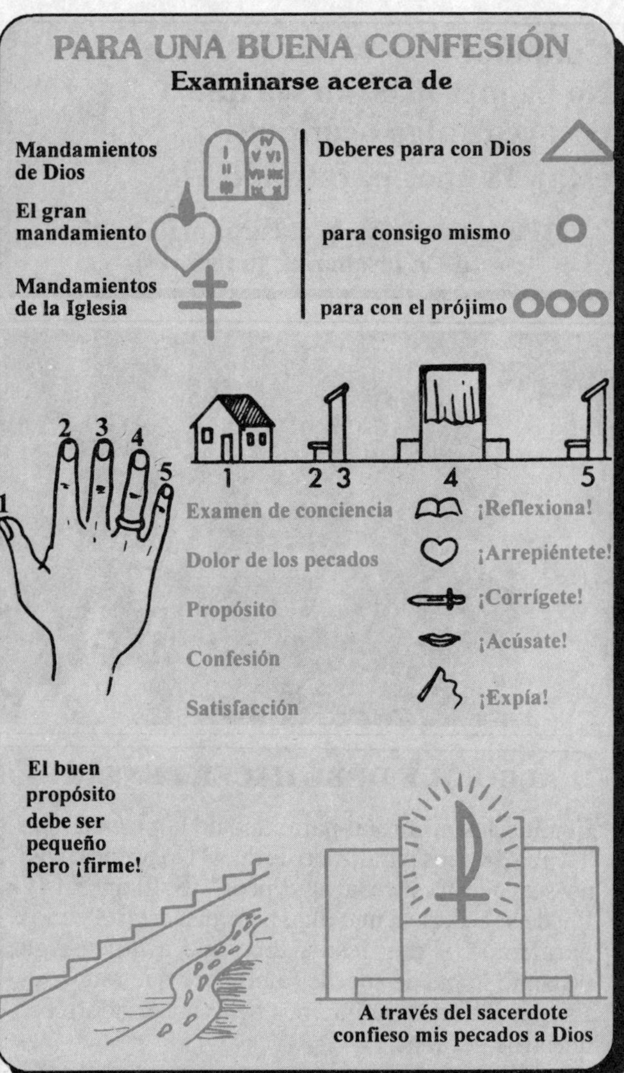
PARA UNA BUENA CONFESIÓN
Examinarse acerca de
Mandamientos de Dios
El gran mandamiento
Mandamientos de la Iglesia
Deberes para con Dios
para consigo mismo
para con el prójimo
1
2
3
4
5
1
2 3
4
5
Examen de conciencia
¡Reflexiona!
Dolor de los pecados
¡Arrepiéntete!
Propósito
¡Corrígete!
Confesión
¡Acúsate!
Satisfacción
¡Expía!
El buen propósito debe ser pequeño pero ¡firme!
A través del sacerdote confieso mis pecados a Dios

Cuidado:
No peques más, no sea que te suceda algo peor que estar 38 años paralizado

(Palabras de Jesús al curar al paralítico de la piscina. S. Juan 5, 14)

ALGO QUE DEBE HACER PENSAR

Cuando Jesús curó al paralítico de la piscina, que llevaba 38 años paralizado, le dijo: "No peques más, no sea que te suceda algo peor" (S. Juan 5,14). Puede sucederle a uno algo peor que estar 38 años paralizado? Pues Jesús, dice que a quien siga pecando le puede suceder algo peor que todo eso. Es una advertencia que nos debe hacer aborrecer nuestros pecados.

EL EXAMEN DE CONCIENCIA

EXAMINARSE significa: recordar las cobardías que hemos tenido para obrar el bien y evitar el mal; recordar nuestros descuidos, negligencias y pecados. Recordar nuestras faltas de fe, de esperanza y de caridad, y recordar si estaremos pensando como simples creaturas materialistas y mundanas, como reprochaba Jesús a San Pedro. (Lc. 18) Convertirse es buscar el perdón en el Sacramento de la confesión y allí tratar de obtener la fuerza de la gracia sacramental para volver a empezar cada vez nuestra tarea de dominarnos y de ser mejores (Juan Pablo II 1979).

EL EXAMEN DE CONCIENCIA DEBE HACERSE ACERCA DE LOS 10 MANDAMIENTOS Y LAS OBRAS DE MISERICORDIA

LOS MANDAMIENTOS DE LA LEY DE DIOS SON DIEZ:

1. Amar a Dios sobre todas las cosas.
2. No jurar su santo Nombre en vano.
3. Santificar las fiestas.
4. Honrar a Padre y Madre.
5. No matar.
6. No hacer actos impuros
7. No robar.
8. No levantar falsos testimonios ni mentir.
9. No consentir pensamientos ni deseos impuros
10. No codiciar los bienes ajenos.

LAS OBRAS DE MISERICORDIA

Las obras de Misericordia son catorce. Siete Espirituales y siete Corporales.

Las espirituales son estas:

1ª Enseñar al que no sabe.
2ª Dar buen consejo al que lo necesita.
3ª Corregir al que se equivoca.
4ª Consolar al triste.
5ª Perdonar las ofensas.
6ª Sufrir con paciencia los defectos de los demás.
7ª Rogar a Dios por los vivos y los muertos.

Las corporales son estas:

1ª Visitar a los enfermos.
2ª Dar de comer al hambriento.
3ª Dar de beber al sediento.
4ª Ayudar a los presos.
5ª Regalar vestidos a los pobres.
6ª Dar posada al peregrino.
7ª Dar sepultura a los muertos.

En qué consiste el examen de conciencia?

R: El examen de conciencia consiste en recordar los **pecados que hemos cometido,** y las causas o razones por las cuales estamos cometiendo esas faltas.

Dice San Pablo: “Examine cada cual sus propias obras. Porque cada uno responderá por sus pecados” (Gálatas 6, 4).

El examen de conciencia es tan importante que, los santos, como San Ignacio, San Gregorio y S. Francisco han declarado que una persona no llegará a ser santa si no hace examen de conciencia cada día.

CÓMO DEBEMOS HACER EL EXAMEN DE CONCIENCIA

R: El examen de conciencia se hace así: 1° Pedimos al Espíritu Santo que nos ilumine y nos recuerde cuáles son los pecados nuestros que más le están disgustando a Dios. 2° Vamos repasando los diez mandamientos para saber qué faltas hemos cometido contra ellos. Por ej. **1er. Mandamiento:** Me acuesto o me levanto sin rezar? Me avergüenzo de aparecer creyente ante los demás? He creído que Dios no me va a ayudar? He creído en supersticiones por ej. mata de sábila, riegos, sales, brujas, lectura de naipes o de humo de cigarrillo, o espiritistas o mentalistas que hablan en nombre de Satanás y engañan y roban? **2°** He dicho el nombre de

Dios sin respeto y por cualquier tontería (por ej. "Pa'Dios que sí?") **3º** He faltado a misa los domingos? ¿Cuántas veces? ¿Cuántos domingos voy a misa cada mes? (Las excusas que me pongo para dejar de ir a Misa no me las cree Dios, probablemente son mentiras) **4º** ¿He desobedecido a mis padres? ¿No les he querido ayudar? ¿Los he tratado mal? ¿He perdido el tiempo en vez de estudiar o trabajar? **5º** Mandamiento: ¿He deseado que a otros les vaya mal? ¿He peleado? ¿He dicho groserías? ¿Tengo resentimientos contra alguna persona y no le quiero perdonar? ¿No rezo por los que me han tratado mal? ¿Me he burlado de alguno? ¿He puesto sobrenombres? ¿He tratado con dureza? ¿He dicho palabras ofensivas? ¿He hablado mal de otras personas? ¿He contado lo malo que me han hecho o lo que dicen de ellos? ¿He escandalizado? (o sea he enseñado lo malo a los que no lo sabían?) ¿Cuántas veces? ¿Me he aprovechado de los más débiles para golpearlos y humillarlos? **6º Mandamiento:** ¿He retenido en mi cerebro por varios minutos pensamientos o deseos impuros? ¿He mirado películas impuras o revistas pornográficas o escenas impuras en TV? ¿He dicho o celebrado chistes malos? ¿He hecho acciones impuras conmigo mismo o con otras personas? ¿Tengo alguna amistad que me hace pecar? **7º Mandamiento:** ¿He robado? ¿Cuánto vale lo que he robado? ¿He devuelto lo prestado? ¿He tenido pereza en cumplir mis deberes? **8º Mandamiento:** ¿He dicho mentiras? ¿He inventado a otros lo que no han hecho o dicho? ¿He hecho trampas en negocios o estudios?

Recomendación de un gran Sacerdote

SAN JUAN BOSCO (1816-1888) EL MAS SIMPATICO EDUCADOR MODERNO. Decía: *"HABLAD MUY FRECUENTEMENTE A LA GENTE ACERCA DE COMO HACER UNA BUENA CONFESION. Porque son muchísimas las personas cuya confesión queda mal hecha o no produce frutos de conversión, porque la hacen sin las debidas disposiciones.*

PECADOS CAPITALES: Me dejo dominar por el orgullo, la avaricia, la envidia, la ira, o la pereza?

Nota: Los que viven en unión libre no pueden confesarse.

Además: vamos recordando cuáles son las faltas que más cometemos, y por qué las cometemos. ¿Por qué? ¿He sido de mal genio? ¿Cuántas veces? ¿Por qué (¿será porque no descanso, o porque me preocupo mucho, como si Dios no cuidara de mí, o porque me disgusto por pequeñeces, etc.?). ¿Hablé mal de los demás? ¿Cuántas veces? ¿Por qué? (Será que vivo juzgando y condenando en mi mente, sabiendo que Jesús dijo "No juzguéis, y no condenéis? (Mt. 7) ¿Será porque me junto con gente murmuradora y ellos me prenden la habladera en contra de los demás? ¿Será porque me gusta meterme en lo que no me importa? ¿En la vida de los demás?... ¿He consentido malos pensamientos? ¿Cuántas veces? ¿Por qué? (¿Será que miro revistas malas o voy a cines feos, o escucho programas de chistes malos, o tomo bebidas alcohólicas, o no domino mis ojos?...) etc.

Tercero: ¿Cuál de mis pecados será el que más le está disgustando a Dios? ¿Cuál será aquel pecado mío que mayor mal hace a los demás? ¿Será mi mal genio? ¿Serán mis palabras groseras? ¿Mis desobediencias? ¿El robo? ¿El no ir a Misa? ¿Cuál será...? Esto es sumamente importante, porque si empezamos a corregirnos de aquellos pecados que más le están disgustando a Dios o a nuestro prójimo, pronto lograremos convertirnos.

EJEMPLO: Si hoy se nos apareciera Nuestro Señor y nos dijera: "Te voy a quitar un defecto". ¿Cuál le pediríamos que nos quitara? Pues... ese es el que tenemos que empezar a corregir desde ahora. Dios quiere ayudarnos a corregir ese defecto!

COMPARACION: Hemos notado que cuando entra un rayo de luz del sol a nuestra habitación vemos todos los polvillos que vuelan por el aire, los cuales no se veían antes de llegar el rayo de luz? Así nos pasa con el examen de conciencia: si no pedimos a Dios que nos ilumine el alma, no veremos cuáles son los defectos y pecados que más nos están haciendo mal. Pero si le suplicamos al Espíritu Santo, El nos enviará un rayo de luz celestial que nos hará **ver qué es lo que Dios quiere que corrijamos en nuestra vida.**

NO NOS EXAMINEMOS UNICAMENTE DEL MAL QUE HEMOS HECHO, **sino también del bien que pudimos hacer y no hicimos** (Es lo que se llama **"pecados de omisión"**). Hay personas que no matan ni roban pero también pasan los días sin hacer favores. El rico Epulón del evangelio no se fue al infierno por ser asesino ni ladrón sino por haber podido ayudar a Lázaro y no haberle querido ayudar. (Pude visitar una Iglesia y no lo hice? Dar un buen consejo y no lo di? etc.).

AL EXAMINAR LA CONCIENCIA CONVIENE HACER LAS SIGUIENTES PREGUNTAS: Me he rebelado contra la voluntad de Dios renegando interiormente o con palabras acerca de lo que me sucede? Recuerdo de vez en cuando algún favor de Dios para darle las gracias? O soy como los leprosos del evangelio que no encontraron tiempo para dar gracias a Jesús? Me acuerdo de Dios varias veces cada día para darle gracias, pedirle perdón, encomendarle lo que tengo que hacer y ofrecerle mis acciones? O soy indiferente y paso horas y horas sin acordarme de Dios? (San Francisco se estremecía de tristeza cuando se le pasaba un cuarto de hora sin acordarse de Dios). He tenido por fin de lo que hago y de lo que digo, el conseguir mayor gloria para Dios y bien para las almas? O más bien el fin que busco es inflar mi orgullo y aumentar la estimación y la fama que los demás tengan de mí? Sabiendo que mi alma necesita tanto de la oración como necesita el cuerpo de la respiración, lleno mi día de pequeñas oraciones? He tenido sentimientos de antipatía, de resentimiento? He demostrado frialdad o desprecio hacia alguna persona?

LISTAS INTERESANTES

Muchas personas a las cuales se les han presentado las dos anteriores preguntas se han puesto a pensar, y a sudar; y han comprendido que con Jesucristo y con Dios Padre no tratarían de ciertas boberías que dicen en sus confesiones y en cambio sí: hablarían de aquello que les roe el alma y que ahoga su vida interior, por ejemplo: que no saben aceptar a las personas que viven en su hogar; que se rebelan contra su situación económica; que se desesperan por sus enfermedades, o se desaniman por su debilidad, por su casa, o su cónyuge; que no han aceptado aquel fracaso que Dios permitió que sucediera en su vida; que no se resignan jamás a una decepción que les sobrevino. Que sienten rebeldía en su corazón. Que se complacen en coleccionar tristezas. Que cultivan tentaciones, pensando y pensando y pensando. Que dicen que no quieren pecar, pero se complacen en imaginar que ciertos pecados le pondrían más sal a su vida. Que viven enturbiando el ambiente con sus lamentaciones. "Tíos quejitas" que de todo se viven quejando.

Y otra pequeña lista para recordar: Nuestra terrible falta de fe y de esperanza que hacen que aún cuando acabemos de confesarnos, estemos bien seguros en el fondo de que nada cambiará en nuestras vidas, de que las cosas continuarán y volverán a comenzar lo mismo que antes, sin poder enmendarnos (como si a Dios se le hubiera acabado el poder o la misericordia, o como si el pecado o la mala costumbre fueran más fuertes que Dios). Quizá no nos confesamos de que ya no esperamos nada especial de Dios en cuanto a nuestra conversión y mejoría de conducta; ya que nos resignamos a seguir siendo mediocres, y a seguir cometiendo siempre las mismas faltas, y a permanecer tan miserables espiritualmente como hasta ahora, sin el mínimo esfuerzo por mejorar.

ORACION A JESUS CRUCIFICADO

Para pedir arrepentimiento

¡Miradme Oh mi amado y buen Jesús! que postrado en tu santísima presencia, os ruego, con el mayor fervor, imprimáis en mi corazón los más vivos sentimientos de fe, esperanza y caridad, verdadero dolor de mis pecados y propósito firmísimo de enmendarme; mientras que yo, con todo el amor y con toda la compasión de mi alma, voy considerando vuestras cinco llagas, teniendo presente lo que dijo de vos oh buen Jesús, el santo Profeta David: "Han taladrado mis manos y mis pies, y se pueden contar todos mis huesos".

LA CONTRICIÓN DE CORAZÓN

Apartarse de Dios, el sumo bien

Esto es pecar

Inclinarse hacia un bien falaz

Consecuencias del pecado

Se van: Alegría, Paz interior, Vida interna

Llegan: Felicidad aparente, Angustia, intranquilidad, Muerte eterna

Dios

hombre

El pecado me aleja de Dios

Pecado

Hombre

Dios

pecador: árbol sin frutos

Alma en pecado: luz que se apaga

Dios

Hombre

Unión rota

Para arrepentirse hay que considerar el gravísimo mal que hemos hecho pecando.

LA CONTRICION DE CORAZON

Qué es contrición de corazón?

R: Contrición de corazón o arrepentimiento, es sentir tristeza y pesar de haber ofendido a Dios con nuestros pecados.

El salmo 50 dice: Un corazón arrepentido, Dios nunca lo desprecia.

Jesús cuenta que un publicano fue a orar, y arrodillado decía: "Misericordia Señor, que soy un gran pecador" y a Dios le gustó tanto esta oración de arrepentimiento que le concedió la santificación a dicho publicano (S. Lucas 18).

Cuántas clases de contriciones hay?

R: Hay dos clases de contrición: la contrición perfecta y la contrición imperfecta o atrición.

Ejemplo de contrición perfecta fue el arrepentimiento de San Pedro después de haber negado a Jesús. Lloró tanto por haber ofendido a un Dios tan bueno, que obtuvo un perfecto perdón. Ejemplo de falta de contrición perfecta es la de Judas que sí le dio rabia y remordimiento por haber vendido a Jesús, pero no pidió perdón al Señor, que lo habría perdonado con todo gusto si él le hubiera pedido que lo perdonara.

La contrición perfecta

R: Contrición perfecta es una tristeza o pesar por haber ofendido a Dios, por ser el quien es, esto es por ser infinitamente bueno y digno de ser amado, teniendo al mismo tiempo el propósito de confesarse y de evitar el pecado.

Cuando el profeta anunció al Rey David que Dios estaba sumamente disgustado por un gran pecado que el rey había cometido, David se entristeció enormemente de haber ofendido a Dios y le pidió perdón al Señor con todo su corazón, prometiendo que jamás volvería a cometer esa falta. Entonces Nuestro Señor lo perdonó (aunque también le mandó castigos por ese pecado) y en adelante David y Dios fueron grandes amigos (leamos el salmo 50 que compuso David para pedirle perdón a Dios. Es un salmo muy hermoso) Pág. 26.

La atrición

R: Atrición o arrepentimiento imperfecto es una tristeza o pesar de haber ofendido a Dios, pero sólo por la fealdad y repugnancia del pecado, o por temor de los castigos que Dios puede enviarnos por haberlo ofendido.

Para que la atrición o contrición imperfecta obtenga el perdón de los pecados necesita ir acompañada de propósito de enmendarse, y obtener la absolución del sacerdote en la confesión.

Cuál de estos dos arrepentimientos es el mejor?

R: De estos dos arrepentimientos el mejor es la contrición perfecta.

Así por ejemplo si uno está en caso de muerte y no logra conseguir un sacerdote para confesarse, si hace un acto de contrición perfecta queda perdonado de todas sus culpas. Por eso hay que acostumbrarse a hacer acto de contrición perfecta muchas veces en la vida, especialmente cada noche antes de acostarse, y en los peligros.

La S. Biblia dice: Si os arrepentís y os convertís, quedarán borrados vuestros pecados (Hechos 3, 19).

En qué momento especial hay que tener arrepentimiento de los pecados?

R: El momento especial en que necesitamos arrepentimiento de nuestros pecados es cuando nos vamos a confesar, pues si no estamos arrepentidos no quedaremos perdonados. Pero es bueno también arrepentirnos de nuestras faltas todos los días de nuestra vida.

Dijo el profeta: “El mejor sacrificio que le podemos hacer a Dios es tener arrepentimiento de nuestros pecados. Dios está siempre cerca de los que tienen un corazón arrepentido” (Salmos 34 y 50).

Las cualidades que debe tener el arrepentimiento de los pecados

R: El arrepentimiento de los pecados debe tener tres cualidades: 1a. Arrepentirse de todos los pecados sin excluir ninguno (a no ser por olvido) 2a. Que el arrepentimiento no sea solo exterior sino que se sienta en el alma. 3a. Que sea sobrenatural, o sea no sólo por los males materiales que nos trae el pecado, sino porque con él causamos un disgusto a Dios y nos vienen males para el alma y para la eternidad.

Por ejemplo: si nos arrepentimos de los demás pecados, pero de uno no queremos arrepentirnos ni dejar de cometerlo, ya el arrepentimiento no es universal. Si nos damos golpes de pecho, pero en el alma no sentimos ninguna tristeza de haber pecado, es señal de que el arrepentimiento es sólo exterior. Si nos da rabia y vergüenza por ese pecado que cometimos pero no sentimos tristeza de haber ofendido a un Dios tan bueno, ni nos da lástima por haber perdido los premios eternos y habernos merecido castigos para la otra vida, ya el arrepentimiento no es sobrenatural.

EJEMPLO: LAS TRES QUE LLORABAN:

Un sacerdote encontró a tres niñas llorando en el atrio de una iglesia, y les preguntó: "¿Por qué están tan tristes? -Ellas respondieron: "Porque nuestro padre nos envió a Misa y nos quedamos jugando en la calle y no fuimos a la Iglesia"-. -Y ¿por qué lloran? -les preguntó el sacerdote. La primera respondió: "Yo lloro porque mi papá me va a dar un fuerte castigo por no haber ido a Misa". La segunda dijo: "Yo lloro porque mi papá no me dará ya un regalo que me había prometido". Y la tercera exclamó: "Yo lloro, porque siendo Dios tan bueno para conmigo, yo le he desobedecido, no queriendo ir a Misa".

¿Cuál de las tres hizo el mejor acto de contrición?

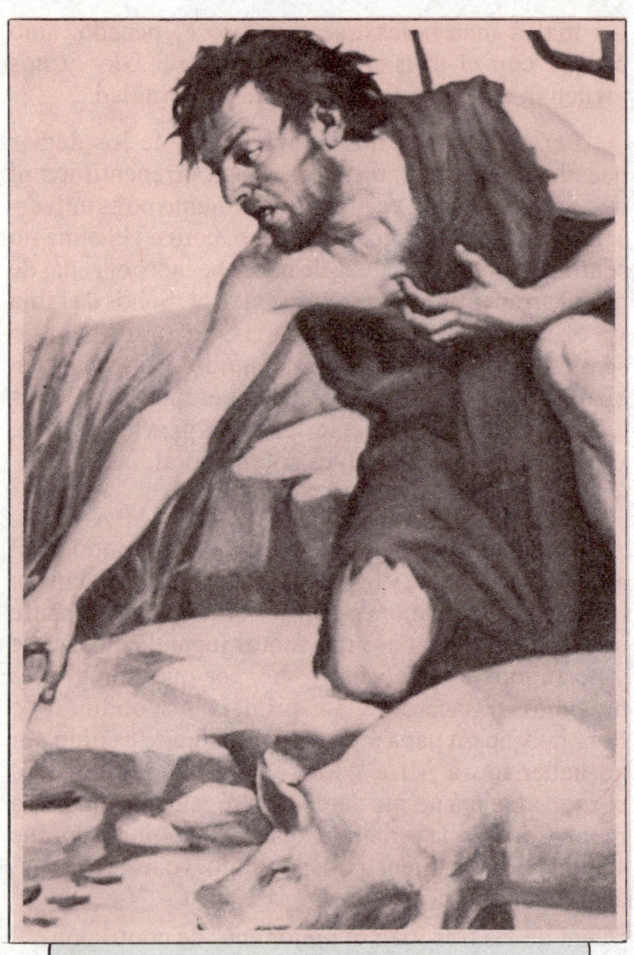

Cuando pecamos llegamos a ser tan infelices como el hijo pródigo que ni siquiera lograba comer el aguamasa que les echaban a los cerdos.

No me mueve, mi Dios, para quererte,
tan solo el cielo que tienes prometido,
ni solo el infierno tan temido
para dejar por eso de ofenderte.

Tú me mueves, Señor, muéveme el verte
clavado en una cruz y escarnecido;
muéveme ver tu cuerpo tan herido;
muévenme tus afrentas y tu muerte.

Muéveme, en fin, tu amor, y en tal manera,
que, aunque no hubiera cielo, yo te amara,
y aunque no hubiera infierno te temiera.

No me tienes que dar porque te quiera;
pues aunque lo que espero no esperara,
lo mismo que te quiero te quisiera.

RECORDEMOS PUES:

HAY TRES CLASES DE ARREPENTIMIENTO:

1o. REMORDIMIENTO (viene de re-morder: morder dos veces) -es una rabia o disgusto por haber hecho algo malo que no quisiéramos haber hecho. No nos da tristeza por haber ofendido a Dios, sino porque hicimos algo que no nos gusta haber hecho. Así por ej. JUDAS: que después de haber vendido a Jesús se suicidó, pero no le pidió perdón a Dios. Es lo que sucede a muchos que están en las cárceles o que se enfermaron o perdieron mucho dinero por haber cometido una falta. EL REMORDIMIENTO NO BORRA LOS PECADOS, y no sirve sino para amargarse más la vida. No trae paz al alma sino más tristeza y desesperación.

2o. ATRICION: o CONTRICION IMPERFECTA: es un dolor o pesar de haber ofendido a Dios por los castigos que El mandará por nuestros pecados. Este arrepentimiento sí borra los pecados pero si la persona se confiesa. Sirve mucho para alejarse del pecado. Y produce el "Temor de Dios", que es una virtud que nos lleva a evitar el pecado para no disgustar al Padre Dios. La S. Biblia nos recuerda muchísimas veces los castigos que Dios manda a los pecadores, para que sabiendo que Nuestro Señor castiga el pecado, lo evitemos, y después de cometido le pidamos perdón y le paguemos con buenas obras todas nuestras maldades.

3o. CONTRICION PERFECTA: es un dolor o pesar de haber ofendido a Dios por ser El nuestro Padre amabilísimo que nos ha concedido tantos favores, y que nos ama más que todas las personas del mundo.

La contrición perfecta **se consigue pidiéndola a Dios**. Es algo importado del cielo y si no se pide, no la obtendremos quizá. Pero si la pedimos la obtendremos.

Esta es la contrición que tuvo el **Rey David** cuando el profeta le dijo que Dios estaba muy disgustado por sus pecados. David lloró, pidió perdón y Dios le perdonó. Esta es la contrición que tuvo **San Pedro** cuando después de haber negado a Jesús, sintió que el Divino Maestro le lanzaba una mirada de tristeza (S. Lucas 22, 61). San Pedro empezó a llorar. Y tanto lloró durante su vida aquel pecado de negación, que cuando estaba viejo tenía -según dicen- dos canales en su cara, de tanto derramar lágrimas. Esta es la contrición que sí borra los pecados...

Pidamos hoy a Nuestro Señor que nos dé un verdadero arrepentimiento de nuestros pecados.

"Un corazón humillado y arrepentido, Dios nunca lo desprecia"(Salmo 50).

"El sacrificio que acepta al Señor es un corazón contrito y arrepentido (Daniel 3,39)

Lo que debemos hacer para obtener arrepentimiento y propósitos verdaderos.

R: Para obtener arrepentimiento y propósitos verdaderos debemos pensar en la Pasión y Muerte de Jesucristo, en los favores que Dios nos ha hecho y a los cuales hemos correspondido ofendiéndolo, y en los males y castigos que nos vendrán por el pecado; y rezar una o más veces el acto de contrición.

Ejemplo: San Francisco de Asís y Santa Catalina cuando se dedicaban a pensar en la Pasión y Muerte de Jesucristo sentían tan gran arrepentimiento de sus pecados que empezaban a llorar, y se proponían morir antes que cometer un pecado. San Francisco de Sales y Santa Teresita, al recordar los favores que habían recibido de Dios sentían un amor tan grande hacia Nuestro Señor que preferían mil muertes antes que ofender a un Dios tan bueno. San Jerónimo, San Alfonso y Santa Brígida al recordar los castigos que Dios tiene reservados para los que pecan, se estremecían de pavor y le tenían un odio cada día más grande a todo lo que fuera pecado.

Los santos han descubierto que para conseguir el verdadero arrepentimiento o dolor de haber pecado, ayuda mucho hacer con la imaginación: TRES VIAJES:

LOS TRES VIAJES QUE HAY QUE HACER PARA CONSEGUIR CONTRICION O ARREPENTIMIENTO

a) Uno AL CALVARIO y recordar todo lo que Jesús sufrió por nosotros (leamos por ej. el Cap. 27 de S. Mateo). Esto ayuda mucho a arrepentirse de los pecados pues ellos fueron los que crucificaron a Jesús. 2o. VIAJE: ir con la imaginación al cielo y pensar en las alegrías y felicidad que allá nos esperan. Pero pensar: todo eso lo perderé si sigo pecando. Este pensamiento lleva a aborrecer el pecado. 3er. VIAJE: ir con la imaginación a los castigos eternos (los malos tendrán castigo eterno. (Mateo 25, 46) y pensar que allá podemos ir también nosotros si no abandonamos nuestros pecados y malas costumbres. A millones de personas los ha salvado esto, y los ha alejado de sus pecados.

Hagamos estos tres viajes con la imaginación: veremos el buen resultado!

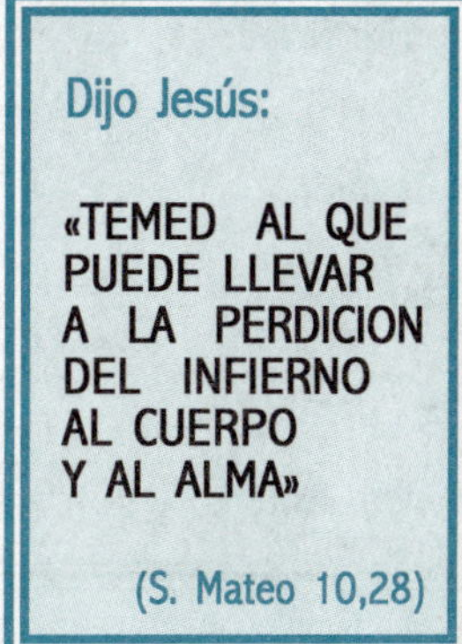

ORACION PARA PEDIR A DIOS PERDON POR LOS PECADOS

(Compuesta por el Santo Rey David Tomada de la Santa Biblia). Salmo 50

Misericordia, Dios mío, por tu bondad,
por tu inmensa compasión borra mi culpa.
Lava del todo mi delito,
Limpia el pecado.
Pues yo reconozco mi culpa,
tengo siempre presente mi pecado.
Contra ti, contra ti solo pequé,
cometí la maldad que aborreces.
Mira, en la culpa nací,
pecador me concibió mi madre,
Te gusta un corazón sincero
lávame: quedaré más blanco que la nieve.
Hazme oír el gozo y la alegría,
Aparta de mi pecado tu vista,
borra en mí toda culpa.
Oh Dios, crea en mí un corazón puro,
renuévame por dentro con espíritu firme;
no me arrojes lejos de tu rostro,
no me quites tu santo espíritu;
devuélveme la alegría de tu salvación,
afiánzame con espíritu generoso.
Enseñaré a los malvados tus caminos,
los pecadores volverán a ti,
y cantará mi lengua tu justicia.
Señor, me abrirás los labios,
y mi boca proclamará tu alabanza. Amén.

“A QUIEN MENOS SE LE PERDONA, MENOS AMOR DEMUESTRA”

JESUS Y LA PECADORA:“Vino una pecadora y arrodillándose bañaba los pies de Jesús con sus lágrimas. Jesús dijo: Le quedan perdonados sus muchos pecados porque demuestra mucho amor. A quien poco se le perdona poco amor demuestra. Mujer, tus pecados quedan perdonados. Tu fe te ha salvado. Vete en paz”.

(San Lucas 7, 37 s.)

UN DATO IMPORTANTE: Si no estamos arrepentidos de nuestros pecados, aunque nos confesemos con 10 sacerdotes, y aún con el Sumo Pontífice, no quedaremos perdonados (Lelotte).

SI HOY TUVIERAMOS UN ACCIDENTE (que Dios nos libre!) QUE TAN BIEN CONFESADOS Y ARREPENTIDOS QUISIERAMOS ESTAR? Aquel joven ganadero de los llanos cuando vio que un salvaje toro cebú se lanzaba contra él, lo único que logró exclamar fue: "Dios mío, y sin confesión"! Alguno de nosotros tendría qué repetir esta terrible frase en un caso semejante? Mejor que no. Todavía podemos evitarlo!

COMO REZARIAMOS EL ACTO DE CONTRICION SI DENTRO DE CINCO MINUTOS NOS FUERAMOS A MORIR? Así deberíamos rezarlo antes de confesarnos: Despacio, con todo el corazón. Viajando pendiente abajo, de pronto falló el motor. El conductor dijo a su acompañante: por favor rece el acto de contrición bien despacio y con todo el corazón, porque dentro de cinco minutos podemos ser cadáveres". Recémoslo así con todo fervor antes de confesarnos.

ANTES DE CONFESARNOS DIGAMOS EL **ACTO DE CONTRICION:**

JESUS MI SEÑOR Y MI REDENTOR: Yo me arrepiento de todos los pecados que he cometido hasta hoy y me pesa de todo corazón, porque con ellos he ofendido a un Dios tan bueno. Propongo firmemente no volver a pecar y confío en que por tu infinita misericordia, me has de conceder el perdón de mis culpas, y me has de llevar a la vida eterna. Amén.

Cada vez que pecas Crucificas otra vez a Cristo.

PALABRAS QUE LE PODEMOS DECIR A DIOS ANTES DE CONFESARNOS: Señor Padre Misericordioso: quiero presentarme ante Ti tal cual soy, sin máscaras ni disfraces ni excusas mentirosas. Te presento las llagas y heridas de mi alma para que tengas la bondad de curarlas. Creo en tu misericordia. Reconozco que aunque mi espíritu está pronto, sin embargo mi carne es muy débil. Pero recuerdo también que para ti lo más importante es la buena voluntad del que quiere convertirse. Conozco muy bien la gran facilidad de pecar que producen mis malas costumbres y mis malas inclinaciones, y que en mi vida hay muchas ocasiones que me incitan a ofenderte. Lo primero que te pido es que hagas el favor de convencerme de lo malo que es pecar. Que tu Sabiduría convenza a esta dura cabeza mía de que ofenderte a ti es el peor negocio del mundo y mi ruina total. Te presento mis intenciones torcidas para que las mejores. Te presento los motivos no leales ni santos que he tenido en mi proceder para que me perdones y me concedas la gracia de obrar por fines más santos en adelante. Si has oído de mis labios palabras que no te han gustado, perdóname. Voy quizá todavía muy lejos de la casa paterna de mi Dios, pero ya te grito que me aceptes otra vez en tu amistad. No dejes que me desanime ante la repetición tan desalentadora de mis continuas faltas. Arranca Señor de mí esas raíces de malas costumbres y de malas inclinaciones que me producen tantos pecados. Y te pido perdón por mi negligencia en el cumplimiento del deber. Por todo el bien que pude haber hecho y no hice. Oh María: refugio de pecadores: haz que yo sea admitido desde hoy en la casa paterna de mi Dios, como hijo y amigo suyo, y que esto sea ya definitivamente y para siempre. Amén" (Haering).

Para arrepentirse: hay que pensar en lo que nos espera al final de la vida.

LOS TRENES DE LA OTRA VIDA, O LOS NOVISIMOS DEL HOMBRE

La vida es como un viaje: Tiene cuatro estaciones: Muerte, Juicio, Infierno y Cielo.

Muerte: Es cierto que todos, buenos y malos, hemos de morir. Pero el alma no muere.
Juicio: Después de la muerte nuestra alma será juzgada por Dios, juez eterno.

Infierno: Los malos serán condenados al suplicio que nunca ha de tener fin.
Cielo: Los buenos serán premiados por Dios con la gloria eterna del Paraíso.

HERMOSO SALMO PARA PEDIR PERDON A DIOS. EL SALMO 25 (en Liturgia el 24)

A ti Señor levanto mi alma.
Dios mío, en ti confío, que no quede yo
desilusionado de haber acudido a ti.
Que no triunfen de mí los enemigos de mi alma.

Recuerda Señor que tu bondad
y tu misericordia son eternas.
No te acuerdes de los pecados
ni de las maldades de mi juventud.

Por el honor de tu nombre Señor,
perdona mis culpas que son muchas.

Mírame oh Dios y ten piedad de mí,
y perdona todos mis pecados. Amén.

ANTIGUO ACTO DE CONTRICION

Señor mío Jesucristo, Dios y hombre verdadero, Creador y Redentor mío: por ser tú quien eres, y porque te amo sobre todas las cosas, a mí me pesa de todo corazón de haberte ofendido; propongo firmemente nunca más pecar, confesarme, cumplir la penitencia que me fuera impuesta, apartarme de todas las ocasiones de ofenderte; te ofrezco mi vida, obras y trabajos, en satisfacción de mis pecados. Así como te lo suplico, así confío en tu bondad y misericordia infinita, me los perdonarás por los méritos de tu preciosísima sangre, pasión y muerte, y me darás gracia para enmendarme y perseverar en tu santo servicio hasta el fin de mi vida. Amén.

EL PROPÓSITO DE LA ENMIENDA

"Me levantaré e iré a mi Padre"

El hijo pródigo

1. Contó Jesús otra parábola: Un hombre tenía dos hijos. El más joven pidióle la parte que le correspondía del patrimonio y el padre hizo la partición de bienes.

2. Pocos días después marchó a una región lejana. Y allí disipó toda su fortuna viviendo disolutamente.

3. Sobrevino hambre en aquel país y el joven se encontró en necesidad. Fue a buscar trabajo y lo enviaron al campo.

4. ...A que cuidara unos cerdos. Nadie le daba de comer y tenía tanta hambre que hubiera comido de las bellotas de que se alimentaban los animales. Díjose a sí mismo: "Los criados de mi padre tienen pan en abundancia. Volveré a mi padre y le diré: Padre, no soy digno de llamarme tu hijo. Considérame uno de tus siervos".

EL PROPOSITO DE LA ENMIENDA

Qué es propósito de la enmienda?

R: Propósito de la enmienda es una firme resolución de nunca más ofender a Dios.

La S. Biblia repite muchas veces este consejo: "Que cada uno proponga convertirse y dejar de cometer sus maldades, y entonces el Señor Dios será su protector y amigo (Hechos 3, 26. Jeremías, Ezequiel, Joel, etc., etc.).

¿Qué le dijo Jesús a una pecadora? (S. Juan 8, 11) **"Vete, y no peques más".** Esto es lo que se propone el pecador al hacer el **propósito de la enmienda**: "no quiero pecar más". No significa que ya no volverá a pecar, pero sí quiere decir que está resuelto a hacer lo que le sea posible, para evitar sus pecados que tanto ofenden a Dios.

EJEMPLO: **Un propósito que libró de muchos males:** S. Domingo Savio es el único colegial declarado Santo por la Iglesia Católica. Murió cuando estaba para cumplir los 15 años. Era el mejor alumno de S. Juan Bosco. Un día se acusó en confesión de que le gustaba ir a bañarse a un pozo pero que allá iban muchachos que decían muchas groserías y se portaban mal. El confesor le dijo **"Tu propósito para esta confesión es no volver jamás a bañarte en ese pozo".** Domingo lo cumplió exactamente, aunque le costaba mucho porque hacía un calor insoportable y en su casa no había regadera para bañarse. Y San Juan

Bosco añade: "con esto evitó Savio un gran peligro para su alma. Si hubiera seguido yendo a aquel sitio hubiera perdido el inestimable tesoro de su inocencia y de su pureza y también la alegría, la paz y muchas bendiciones del Señor".

NO HAGAMOS SOLAMENTE PROPOSITOS NEGATIVOS: no hacer esto, no decir aquello etc. Estos propósitos hay que hacerlos, pero también debemos hacer en cada confesión algún propósito positivo. Por ej. rezaré con más atención; seré más amable con las personas que me tratan; leeré alguna página de un libro que me enfervorice por mi religión; rezaré por los que me han ofendido; callaré cuando esté con ira; pensaré en los favores de Dios y le daré gracias etc.

PERO, Y SI VUELVO A CAER Y CAER? Es que no nos renovamos de una vez para siempre. La conversión o penitencia que es la virtud que más urgentemente necesitamos, hay que practicarla todos los días porque somos pobres pecadores llenos de debilidad. **Como no nos lavamos las manos de una vez para siempre,** sino todas las veces que haga falta, así la confesión. Porque "el demonio da vueltas alrededor de nosotros como león rugiente buscando a quién devorar" (San Pedro). Por eso es necesaria la confesión frecuente. Porque somos infieles es que necesitamos confesarnos frecuentemente.

LA RAZON PORQUE ALGUNOS SE CONFIESAN SIEMPRE DE LAS MISMAS FALTAS es: porque no evitan las ocasiones.

El perdón que el sacerdote nos concede lo obtuvo Jesús al morir por nosotros en la cruz.

"Jesús tomó la factura donde estaban las cuentas que nosotros deberíamos pagar por nuestros pecados, y clavándola en la cruz, la canceló con su sangre" (S. Pablo Colosenses 2, 13). La Sangre derramada por Jesucristo es la que nos purifica de todos nuestros pecados (1 San Juan 1, 7).

LA CONFESIÓN CON EL SACERDOTE

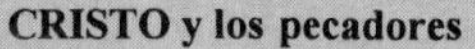

CRISTO y los pecadores

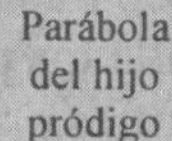

Parábola del hijo pródigo

El publicano Mateo

La adúltera Magdalena

El buen ladrón

Cristo absuelve

DIJO JESUS: "A todo el que le perdonéis los pecados, le quedan perdonados", S. Juan 20, 23

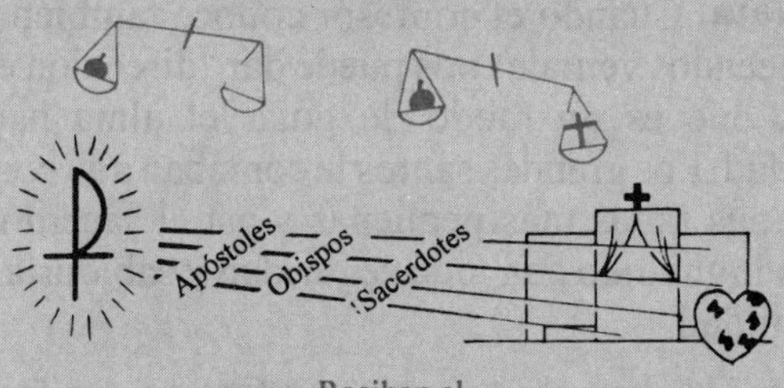

Reciben el
Poder de atar y desatar

LA CONFESION DE BOCA

Qué es la confesión de boca?

R: Confesión de boca es manifestar al confesor sin engaño ni mentira los pecados cometidos, con intención de recibir la absolución.

Dice la S. Biblia: No te avergüences de confesar tus pecados" (Eclesiástico 4, 26). A quien calla los pecados no le irá bien, pero quien los confiesa y los abandona, obtendrá misericordia de Dios (Proverbios 28, 13). Confesad vuestros pecados y así seréis curados espiritualmente (Santiago 5, 16).

Qué pecados estamos obligados a confesar?

R: Estamos obligados a confesar solamente los pecados mortales no confesados, pero es bueno y provechoso confesar también los veniales.

Nota: Cuando el confesor conoce también nuestros pecados veniales nos puede dar "dirección espiritual", que es un modo de guiar el alma hacia la santidad. Los grandes santos le contaban a su confesor hasta sus faltas más pequeñas y así el sacerdote los podía ir guiando con toda seguridad y sabiduría hacia la santidad.

Qué debemos hacer cuando nos confesamos solamente de pecados veniales?

R: Cuando nos confesamos solamente de pecados veniales, conviene recordar también algún pecado mortal ya confesado. Así el recuerdo de una falta grave hace más fuerte el arrepentimiento y más serio el propósito.

Consejo práctico: Los pecados de impureza ya confesados no se deben recordar ni siquiera para volverlos a confesar, porque el recordarlos trae más mal que bien y su recuerdo excita las pasiones y es dañoso.

Qué sucede cuando uno olvida algún pecado grave en la confesión?

R: Cuando uno olvida sin culpa algún pecado grave en la confesión, obtiene el perdón de sus pecados y puede comulgar, pero en la próxima confesión debe confesarse de ese pecado.

Norma muy útil: Cuando uno termina de decirle al Padre los pecados conviene añadir "pido perdón también de todos los pecados que se me hayan olvidado y que tenga sin perdonar". Así queda el alma mucho más tranquila.

Quiénes se confiesan mal?

R: Se confiesan mal los que callan culpablemente algún pecado mortal, o los que se confiesan sin arrepentimiento o sin propósito, o sin intención de cumplir la penitencia.

Ejemplo: la visión de un santo. San Juan Bosco vio en una visión que los demonios amarraban al cuello de los que se iban a confesar unos lazos para no dejarlos confesarse bien. El santo preguntó en nombre de Dios a los demonios qué significaban esos tres lazos, y ellos le respondieron: "el primero se llama "callar" y significa que nosotros hacemos que les dé miedo y se callen los pecados y no los digan al confesor. El segundo lazo se llama "No arrepentirse" y significa que nosotros hacemos que no les de tristeza ni pesar de haber ofendido a Dios, y así quedan mal confesados. Y el tercero no se lo decimos porque es nuestro secreto". Entonces San Juan Bosco amenazó con la señal de la cruz y el agua bendita a los diablos si no le contaban lo que significaba el tercer lazo, y uno de ellos le respondió temblando: "El tercer lazo se llama "no hacer propósito", y significa que nosotros hacemos que la gente se confiese sin propósito de volverse mejor, y así seguirán tan malos y pecadores después de la confesión como lo que eran antes de confesarse". Y desaparecieron todos los demonios entre llamas de azufre, bramando de rabia por haber contado sus "secretos".

Quiénes dan señales de no haber tenido arrepentimiento ni verdaderos propósitos en sus confesiones?

R: Dan señal de no haber tenido arrepentimiento ni verdaderos propósitos en sus confesiones los que no se apartan de las ocasiones de pecar, y los que después de una y otra confesión, siguen en sus mismos pecados sin que se note ningún esfuerzo por enmendarse.

"San Pedro dice en la S. Biblia que ciertos pecadores son como el perro que vuelve a comerse lo que había vomitado, o como el cerdo que después de que lo lavan bien, vuelve a revolcarse otra vez en el charco de barro" (2 Pedr. 2, 22).

El pecado que cometen los que se confiesan mal

Los que se confiesan mal cometen un sacrilegio y queda con la obligación de confesarse de los pecados que confesaron, de los que callaron y del sacrilegio que cometieron.

Dice la S. Escritura: "No os engañéis, de Dios no se burla nadie" (Gal. 6). El que hizo los ojos no va a ver? El que hizo los oídos no va a oír? Dios conoce vuestros pensamientos aún los más ocultos, y oye todas vuestras palabras (Salmo 94).

Sacrilegio es irrespetar algo que es muy sagrado. Quien hace una mala confesión comete sacrilegio porque irrespeta un sacramento, que es algo muy sagrado.

Si tenemos duda de si un pecado de la vida pasada habrá sido perdonado o no, qué debemos hacer?

R: Si tenemos duda de si algún pecado de la vida pasada habrá sido perdonado o no, debemos pedir perdón frecuentemente a Dios, y confiar en que por la Sangre que Jesucristo derramó en la cruz han sido borrados nuestros pecados. No hace falta seguir confesando los pecados ya confesados como si no hubieran sido perdonados todavía.

JESÚS SIENTE UN GRAN GUSTO EN PERDONAR

La mujer adúltera

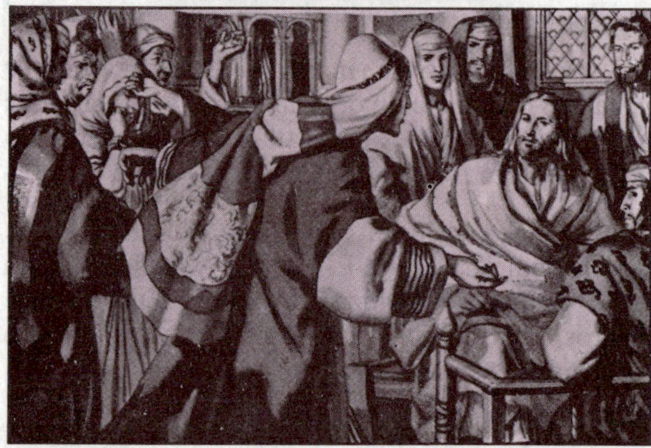

1. Cuando Jesús estaba enseñando en el Templo, le presentaron los escribas y fariseos a una mujer sorprendida en adulterio y dijeron: «La ley de Moisés nos manda a apedrear a esta clase de pecadores. ¿Que dices tú?». Esperaban que su respuesta les daría la ocasión para acusarlo. Pero Jesús inclinado escribía en el suelo como si no oyera.

2. Como no cesaban de preguntar, incorporóse el Maestro y se expresó así: «Quien esté libre de pecado, que lance la primera piedra». Y ellos se retiraron, avergonzados.

3. Entonces preguntó Jesús a la mujer: «¿Nadie te ha condenado?». «Nadie Señor», contestó ella. «Pues yo tam poco te condeno. Vete y no peques más».

Ejemplo: Qué tal que al hijo pródigo, después de que el papacito lo perdonó y lo abrazó, lo hubiera encontrado por ahí un día triste y preocupado y al preguntarle por qué estaba tan afanado, el joven hubiera respondido: "Papá; es que tengo dudas de si de verdad tú sí me habrás perdonado o no?". El papá habría respondido: "Hijo mío, pero todavía dudas de si te perdoné o no? Te abracé, te besé, te di el mejor vestido y el mejor calzado, hice una fiesta en tu honor, y todavía dudas de si te he perdonado?". Así nos dice Dios cuando empezamos a afanarnos por si un pecado de la vida pasada del cual ya le hemos pedido perdón estará perdonado o no. "Hijo mío, pero qué mayores señales quieres de mi perdón? El sacerdote, mi ministro te perdonó en nombre mío. Mi Hijo murió por ti en la cruz. En el Libro Santo he dicho "Como se aleja el occidente del oriente, así alejo para siempre de vosotros vuestros pecados". (Salmo 102). "Yo no quiero la muerte del pecador sino que se convierta y viva. Aunque vuestros pecados hayan sido rojos como lo más rojo, yo los volveré blancos como la nieve (Is. 1, 18). Qué más pruebas quieres de que sí estás perdonado?".

Cuando nos vengan estas angustias recordemos lo que decía San Francisco de Sales: Lo que más desea el diablo es que vivamos angustiados y tristes. Lo que más desea Dios es que vivamos alegres y confiando en la Bondad de Nuestro Señor".

DICEN ALGUNOS: ES QUE LA CONFESION NO CAMBIA LO HECHO. Sí, pero quita el disgusto que le hicimos tener a Dios. Así como cuando pedimos disculpas y perdón por haber roto un vidrio, el vidrio ya quedó roto, pero la otra persona no queda disgustada con nosotros. El hijo pródigo al pedir excusas al papá no logró recuperar el dinero que había perdido viviendo viciosamente, pero recuperó la amistad con su padre y el derecho a ser su hijo muy amado. Esto es lo que hacemos al confesarnos con arrepentimiento y verdadero cariño hacia nuestro Dios: recuperar su amistad. Y qué favor más grande puede haber?

RECORDEMOS QUE EL CONFESOR ES UN REPRESENTANTE DIRECTO DE JESUCRISTO. **La leyenda antigua narra el caso de aquel hombre** que estuvo toda la noche jugando naipe con un sacerdote. Al día siguiente fue a confesarse con el mismo padre para decirle que por haber estado jugando toda la noche no había podido ir ese día a trabajar. El confesor empezó a darle un regaño muy serio. Entonces el penitente levantó la cabeza para alegarle diciendo: "Pero si fue con usted que estuve jugando". Mas al levantar la mirada cayó desmayado. Qué había pasado? Al mirar al rostro del confesor no vio al sacerdote con el que había jugado sino el mismo rostro de Cristo. Es una leyenda? Pero **la fe nos tiene que hacer ver en cada confesor al mismo Jesucristo.** Entonces sí que nos confesaremos con verdadero respeto y gran fruto.

EL CRISTO DE MALLORCA. Cuando los turistas van a la Isla de Mallorca, visitan **a un famoso Cristo que tiene la mano derecha desprendida de la cruz** como tratando de bendecir y absolver. Qué fue lo que pasó? Cuenta la tradición que hace unos siglos un hombre terriblemente pecador se fue a confesar y cuando el sacerdote le iba a dar la absolución le vino una espantosa duda: "Si perdonará Cristo en verdad estos pecados tan grandes?". En ese momento se oyó en el altar un ruido como de clavos que se desprenden y al volver a mirar vieron que el gran Cristo del fondo de la Iglesia desprendía su mano derecha de la cruz y enviaba su bendición y absolución al penitente que llevaba ya varios días con deseos de suicidarse porque creía que ya no tendría perdón de Dios. En adelante la confianza en la misericordia de Dios llenó de paz y alegría su existencia.

EL PECADO SE DICE PERO NO SE DESCRIBE. Ciertas descripciones fuertes chocan e impacientan desagradablemente los oídos del confesor. Ya el sacerdote sabe cómo son los pecados de la gente. Basta enumerarlos, pero no dedicarse a describir cómo fueron. Lo mismo las palabras groseras que se dicen. Basta decirle al padre; he dicho malas palabras o palabras ofensivas o groserías etc., pero no dedicarnos a decirle cuáles palabras fueron las que salieron de nuestros labios. Estas jamás deben pronunciarse en un confesonario.

¿REZAS POR TU CONFESOR? Una penitente afirmaba: "Desde que empecé a rezar por mi confesor, en cada confesión he logrado mejorar mucho más".

ORACION
PARA DESPUES DE LA CONFESION

Qué grande es tu misericordia, Señor. Tú me has aceptado como tu hijo y me has colmado de tu amor.

Te agradezco, Señor, y deseo con la ayuda de tu gracia, amarte cada vez más y no ofenderte jamás a ti.

Jesús bondadoso, concédeme que me mantenga fiel hasta el final. Haz que yo siempre desee y busque lo que a ti te agrada. Que yo cumpla siempre lo que más agrada a tu Santísima Voluntad y jamás vaya en contra de lo que quiere mi Dios.

Virgen santísima, ayúdame: tú eres la madre de la perseverancia, tú eres la razón de mi esperanza. Intercede por mí: consérvame en la gracia de Dios, feliz y sin pecado, como lo estoy en estos momentos. Ayúdame a cuidar mis sentidos, y mi mente, y que mi corazón sea fiel a Dios hasta mi muerte. Amén.

Lo primero que Jesús dijo al Paralítico fue: "TUS PECADOS TE SON PERDONADOS", en señal de que lo más importante que nos puede suceder a cada uno de nosotros será el ser perdonados por Dios.

Y DE QUE NOS CONFESAMOS? Constituye **un auténtico fastidio** escuchar las confesiones de ciertas personas. Dicen cosas que ni siquiera son faltas: que no fue a misa porque estaba enfermo **(si estaba enfermo no era pecado no ir a misa, y si no es pecado para qué confesar eso?) Que comió carne un viernes de cuaresma pero porque no se acordó** (si no se acordó no es falta y si no es falta no se acuse de eso). Es un disco, un cassette que grabaron hace muchos años y lo repiten cada vez que se confiesan. Echaron su fórmula de confesarse y sus pecados entre una nevera y ahí sigue todo congelado, sin cambiar en nada. Se acusan de cosas que si dejaran de cometerlas no adelantarían gran cosa en santidad. Pero de **lo verdaderamente grave, sí se confiesan?** De veras? No es verdad que en la confesión presentamos la careta, el disfraz, pero las llagas verdaderas no las descubrimos? Nos pasa como a aquellas dos personas que sufrieron un accidente y se dislocaron cada una un brazo. Vino el sobandero y la una gritó mucho mientras el enfermero le devolvía el hueso dislocado a su sitio preciso. En cambio la otra no dio ni un quejido. Cuando se fue el masajista, la que sí había gritado le preguntó a la otra: "Por qué no gritabas mientras te movían el brazo? -Ah, respondió morrongamente la otra- es que **yo le presenté fue el brazo que no me dolía!-** Tonta cosa, no es cierto? Podemos ir cada vez al médico del alma a presentarle lo que en verdad no duele en la conciencia, pero salir también de su audiencia sin curación y sin mejoría ninguna en nuestra vida espiritual.

A veces cuando la gente empieza a decir boberías al acusarse, algunos sacerdotes le hacen **esta interesante pregunta:** "Si Jesucristo se le presentara en este momento y colocando sus sagradas manos sobre la cabeza de Ud. le dijera "Dígame **cuál es el pecado que Ud. repite y que le interesa no volver a cometer jamás?** Dígame cuál es y Yo le concedo el milagro de que nunca lo vuelva a cometer". Qué pecado le diría Ud.?... Pues ese es el pecado que primero debe Ud. confesar y del cuál debe arrepentirse más que de los demás.

Y si hoy se le apareciera Dios y Ud.le preguntara: "Oh Señor **¿Cuál de las faltas que cometo en mi vida es la que más te está disgustando?** ¿Qué respondería el buen Dios? ¿Cuál nombraría?... Pues de ese pecado es que hay que arrepentirse y confesarse.

Cuántas veces una persona va a confesarse después de años que no lo hacía, y sólo dice tres o cuatro bobaditas, y los verdaderos pecados, las enfermedades graves del alma, ni las nombra en su confesión. Y como en la confesión se perdona, aquello de lo cual uno se arrepiente y confiesa, **qué tanto será lo que se les perdona, si lo que confiesan arrepentidos es tan poquita cosa?** Y lo demás?

A muchísimos cristianos que se confiesan estérilmente, **si Cristo se les apareciera les diría quizás: "Deja de confesarte de tantas bobadas, y acúsate más bien de que no crees en mi poder. De que no te**

imaginas que yo te amo verdaderamente. Que no te quieres convencer de que yo soy capaz de renovar tu vida". Y muchos de nosotros quedaríamos callados largo rato y nos convenceríamos de que en la confesión colamos los mosquitos para presentarlos al Señor, y dejamos pasar los camellos sin darles importancia. Y El no quiere que le presentemos pecados "mosquitos" sino nuestros pecados "dromedarios", para perdonarlos.

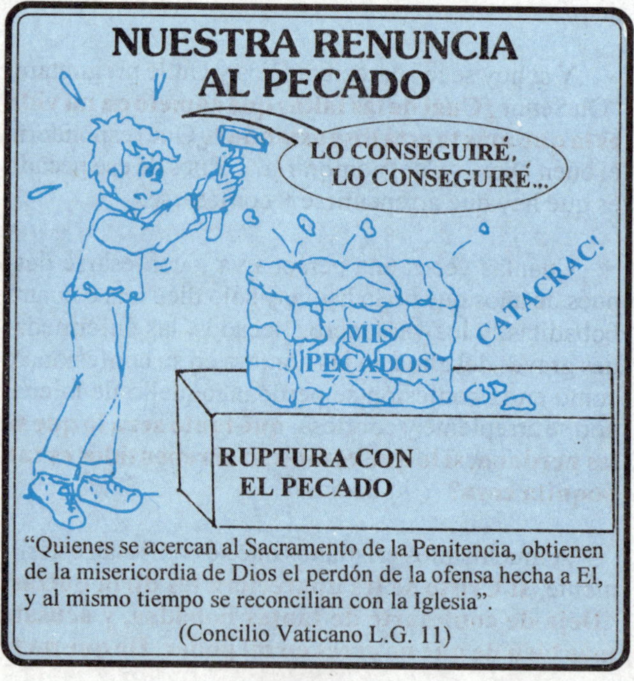

"Quienes se acercan al Sacramento de la Penitencia, obtienen de la misericordia de Dios el perdón de la ofensa hecha a El, y al mismo tiempo se reconcilian con la Iglesia".

(Concilio Vaticano L.G. 11)

LA CONFESION LA PUEDO HACER ASI:

En el nombre del Padre y del Hijo...

Padre, hace X días que me confesé y sí cumplí la penitencia.

Mis pecados son estos: acúsome padre que...

Me acuso de todos los pecados que se me han olvidado, y que tenga sin perdonar.

Cuando el padre me dé los consejos le digo: "Si Padre", y cuando me diga la penitencia también le digo "Si Padre".

Mientras el Padre me da la bendición rezo el Jesús mi Señor y Redentor.

Cuando el Padre me diga el "Vaya en paz", le digo "Muchas gracias" y me voy a rezar la penitencia. (Si ya están repartiendo la comunión puedo comulgar y después rezo la penitencia).

Y DESPUES DE LA CONFESION Y DE LA COMUNION: TENGO QUE SER MEJOR. MUCHO MEJOR.

"OH DIOS: QUE NUESTRO SACRIFICIO MAS AGRADABLE PARA TI, SEA UN CORAZON ARREPENTIDO Y HUMILLADO"

(Profeta Daniel 3)

FORMULA DE LA ABSOLUCION

Sacerdote: "Dios Padre misericordioso que reconcilió al mundo por la muerte y resurrección de su Hijo, y envió al Espíritu Santo para perdón de los pecados, te conceda el perdón y la paz. YO TE ABSUELVO DE TUS PECADOS, EN EL NOMBRE DEL PADRE + Y DEL HIJO + Y DEL ESPIRITU SANTO. AMEN.

LA SATISFACCION DE OBRA

(Según el Catecismo de Juan Pablo II)

Satisfacción de obra es hacer lo posible por reparar el pecado que se ha cometido. Así por ej. restituir lo que se ha robado; devolver la buena fama a aquellas personas de las cuales se habló mal; tratar bien a quien se trató mal etc. La absolución quita el pecado pero no remedia los daños que el pecado causó; por eso el pecador debe hacer lo que más convenga para remediar los daños que hizo pecando (N. 1459).

Cómo debe ser la penitencia que impone el confesor? La penitencia debe ser proporcionada a la gravedad de los pecados cometidos. Puede consistir en oraciones, en ofrendas, en obras de misericordia, en privaciones voluntarias o sacrificios, y sobre todo en aceptar con paciencia la cruz de sufrimientos de cada día (1460).

La excomunión. Ciertos pecados muy graves (como por ej. el aborto o el irrespetar gravemente un ministro sagrado o un templo etc.) reciben el castigo de la "excomunión" (quedar fuera de la comunión con la Iglesia) y entonces su perdón queda reservado al Sumo Pontífice, o al Sr. Obispo o a sacerdotes que tengan el permiso especial de perdonarlos. Pero en caso de muerte, cualquier sacerdote puede absolver de cualquier pecado y de toda excomunión (1463).

El sigilo o secreto total. Todo confesor está obligado bajo penas muy severas a guardar absoluto silencio acerca de los pecados que sus penitentes le han confesado. Esto es lo que se llama "sigilo" o secreto sacramental. Lo que el penitente ha confesado queda en secreto para siempre (1467).

HE AQUI
QUE ESTOY
A LA PUERTA
Y LLAMO,
dice Jesús.
SI ALGUIEN
ME ABRE
ENTRARÉ
Y CENARÉ
CON ÉL.
(Apocalipsis)

SI SIEMPRE RESPONDES: "DESPUES"
UN DIA PUEDES OIR: "NUNCA".

• •

"Ojalá escuchéis hoy su voz
que os llama a la conversión.
No endurezcáis vuestro corazón".
(S. Biblia Salmo 94).

LO ESENCIAL EN EL SACRAMENTO DE LA PENITENCIA

(Según el Catecismo de la Iglesia Católica)

Lo esencial en el sacramento de la penitencia es la confesión de los pecados al sacerdote. Hay qué decirle los pecados mortales no confesados antes, de los cuales se tiene conciencia, después de haberse examinado, incluso los pecados muy secretos y aunque hayan sido contra el noveno o el décimo mandamiento (malos deseos, codicias) porque esos pecados hieren muy gravemente al alma que los ha cometido. No hay nada que no pueda ser perdonado por la mediación del sacerdote. (N° 1456).

Cuándo hay qué confesarse?

Todo fiel llegado al uso de razón, debe confesar al menos una vez por año, los pecados graves de los cuales tiene conciencia. Quien tiene conciencia o seguridad de hallarse en pecado grave no debe celebrar ni recibir la Sagrada Comunión sin confesarse antes, a no ser que haya una causa grave y no encuentre confesor. En esos casos debe hacer un acto de contrición perfecta y el propósito de confesarse cuanto antes. Los niños deben acercarse al sacramento de la penitencia antes de recibir la Primera Comunión (N° 1457).

La confesión de los pecados veniales no es obligatoria, pero se recomienda porque esto ayuda a formar la conciencia y a luchar contra las malas inclinaciones y a progresar en la vida del espíritu. Cuanto más se siente la misericordia de Dios que perdona, más nos sentimos impulsados a ser misericordiosos con los demás (N° 1450).

LA PENITENCIA QUE IMPONE EL CONFESOR

SATISFACCION DE OBRA:

Distingue: Culpa y pena

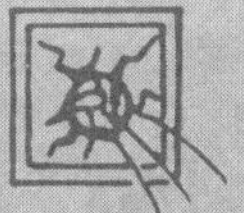

El cristal roto = culpa

Castigo de la policía

Pena

LA CULPA se perdona. Pero hay que pagar el daño o PENA

Dios nos perdona por medio de la confesión

La pena temporal del pecado sólo en parte

Podemos expiar el resto de la pena temporal (reliquias del pecado)

Por medio de obras voluntarias de penitencia

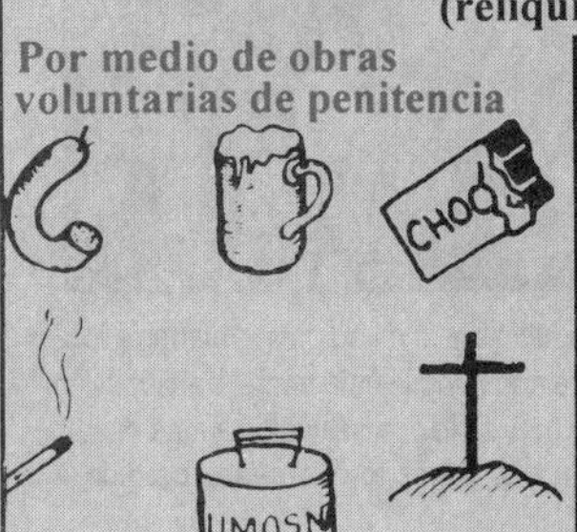

Por medio de las indulgencias

obras personales de penitencia

tesoros de gracias

pena merecida

EN PENITENCIA QUIERO DEVOLVER CUATRO VECES MÁS Y DAR MIS BIENES A LOS POBRES (Zaqueo)

Historia de Zaqueo

1. Cuado Jesús entró a Jericó, Zaqueo, el jefe de los publicanos, hombre muy rico, no podía verlo, pues era de baja estatura y la multitud le ocultaba al Señor.

2. Entonces se adelantó a todos y se encaramó a un sicómoro. Cuando Jesús pasó junto al árbol, lo vio y le dijo: «Zaqueo, baja.

3. Hoy quiero hospedarme en tu casa». Apresuradamente bajó Zaqueo del árbol y recibió gozoso al Maestro.

4. Emocionado por la visita de Jesús Zaqueo prometió dar la mitad de sus bienes a los pobres y restituir al cuádruplo, si algo hubiera adquirido injustamente. Volvióse Jesús a los demás huéspedes y les dijo: «Hoy ha venido la salvación a esta casa, pues el Hijo del Hombre ha venido a buscar y a salvar lo que estaba perdido".

LA PENITENCIA QUE NOS IMPONE EL CONFESOR

En qué consiste la penitencia que nos impone el confesor?

R: La penitencia que nos pone el confesor consiste en oración u obras buenas que tenemos que hacer para ir pagando la pena temporal que debemos por nuestros pecados.

Ejemplo: A un hombre que llevaba 38 años paralizado en una cama, Jesús al curarlo le dijo: "Cuidado, no peque más no sea que le suceda algo peor" (S. Juan 5, 14). Puede sucederle a uno algo peor que estar 38 años tullido en una cama? Pues Jesús dijo que si sigue pecando le va a suceder algo peor que eso. Por ello es que el pecador tiene que hacer obras de penitencia en esta vida, porque si no tendrá terribles castigos en la eternidad: ya que Dios ha dicho: "No dejaré ningún pecado sin castigo" (Ex. 34, 7).

La penitencia que impone el confesor es casi siempre pequeña, por eso el que se confiesa debe hacer otras obras de penitencia por su cuenta, como limosnas, oraciones, favores, sacrificios, lectura de la S. Biblia, etc., para ir disminuyendo la pena que tendrá qué pagar por sus pecados.

Cuándo debe cumplirse la penitencia?

R: La penitencia debe cumplirse cuanto antes para que no haya peligro de olvidarse de cumplirla. Al menos hay que cumplirla antes de la próxima confesión.

Qué otras obras buenas podemos hacer para pagar la pena temporal que debemos por nuestros pecados?

R: Para pagar la pena temporal que debemos por nuestros pecados podemos cumplir cualquiera de las 14 obras de misericordia, y especialmente ganar las indulgencias de la Santa Iglesia.

La pena temporal es aquel castigo que merecemos por cada pecado que cometemos; se basa en las palabras varias veces repetidas por Dios en el Monte Sinaí cuando dijo: "Perdono a quienes me pidan perdón, pero no dejaré ninguna falta sin castigo" (Exodo 34, 7. Números 14, 18). Y también en aquella frase de Jesús: "El juez no os dejará libres hasta que no le hayáis pagado hasta el último centavo de vuestra deuda" (S. Mateo 5, 26).

Por lo general la penitencia que imponen los confesores es sumamente pequeña por ej.: tres padrenuestros, una Salve, leer una página de la S. Biblia etc. Cosas sumamente fáciles de cumplir. PERO AHI ESTA EL GRAN PELIGRO: que quien se confiesa se imagine que con esa pequeña acción u oración ya le pagó a Dios los pecados que confesó. Y eso no es así.

LOS PECADOS HAY QUE PAGARLOS CON: oraciones, limosnas, sacrificios y buenas obras. La absolución del sacerdote nos borra **la culpa**, o sea la mancha que teníamos por los pecados, pero no nos borra la **pena**, o sea el castigo que cada pecado nos traerá.

-EJEMPLO DEL MUCHACHO QUE PARTIO EL VIDRIO:

Un joven estaba jugando al fútbol, y con el balón rompió un vidrio de la casa del vecino. El dueño salió airado a tomarle cuentas. El muchacho asustado le dice: "Señor excúseme. Me perdona esta falta?", y el dueño le respondió: "Con mucho gusto le perdono esta falta pero... me paga el vidrio".

Eso nos dice Dios: "Le perdono esos pecados que le ha confesado al sacerdote, pero... me tiene que pagar con oraciones, sacrificios y limosnas y obras buenas la deuda que me debe por todas esas faltas". Esa es la penitencia que hay que hacer después de cada confesión: ofrecer algo al Señor por las faltas que hemos cometido.

Qué penitencia debemos hacer?

R: La Iglesia Católica durante muchos siglos ha venido recomendando **tres penitencias, que son las que la S. Biblia aconseja:** a) ORAR: la oración desagravia a Dios por nuestras maldades. Moisés, David, Jeremías, Jesús, etc., oraron y el Señor Dios libró de castigos a los pecadores. Nuestra mejor penitencia será siempre llenar nuestros días de pequeñas pero frecuentes oraciones. b) LA LIMOSNA: El Sagrado Libro dice: "La limosna borra muchos pecados" (Tobías). Pero que nuestra limosna sea algo que nos cueste. No hagamos como Caín que decía: "Para el Señor lo peor", y le daba a Dios lo que no le hacía falta, lo que valía poco. Hagamos como Abel que exclamaba: "Para el Señor lo mejor", y daba a Dios lo mejor que tenía, y Dios quedó satisfecho y lo prefirió a Caín. El profeta Zacarías dice: "Saben por qué les va mal a Uds.? Porque dan a Dios lo peor que tienen, por eso Dios no los ayuda más". Si damos limosna a Dios o a los pobres, que sea algo que nos cueste, porque si vamos a dar la basura de nuestra cartera o de nuestra despensa, no se nos borra con ello ningún pecado, ni ganamos premios para el cielo. "Para el Señor lo mejor".

OTRA GRAN PENITENCIA ES: HACER SACRIFICIOS. Jesús dijo: "El que quiera seguirme que; se niegue a sí mismo" (Lucas 9). Negarse a sí mismo significa: hacer sacrificios; hacer lo que no nos gusta. Dejar de comer algo que nos agrada. Tratar bien a quien nos trata mal. Callar cuando estamos encolerizados. Dar y prestar nuestros bienes, aun con peligro de perderlos. Ser más amables en el trato. Gastar nuestro tiempo en visitar enfermos, en asistir a reuniones en favor de nuestro barrio, etc.

Una gran ayuda para hacer penitencia:

LAS INDULGENCIAS:

¿QUE ES UNA INDULGENCIA? Indulgencia es una amnistía o rebaja que nos hace la Iglesia acerca de las penas que le debemos a Dios por nuestros pecados.

Hay dos clases de indulgencia:

La INDULGENCIA PLENARIA: que borra toda la pena que se le debe a Dios por los pecados.

INDULGENCIA PARCIAL: que borra una parte de la pena que le debemos a Dios por nuestras culpas.

Quién puede conceder indulgencia? Puede conceder indulgencia el Sumo Pontífice, porque Jesucristo dijo a San Pedro (y al que reemplaza a San Pedro que es el Papa). "Te doy las llaves del reino de los cielos. Lo que desates en la tierra queda desatado en el cielo".

Cuáles son las indulgencias más famosas?

Las indulgencias más famosas son tres:

1o. LA INDULGENCIA DEL TRABAJO: que consiste en que cada vez que una persona le ofrece a Dios el oficio que está haciendo, gana indulgencia parcial, o sea que se le borra una parte de la pena que debía por sus pecados.

2o. LA INDULGENCIA DEL SUFRIMIENTO: que consiste en que cada vez que alguien le ofrece a Dios lo que está sufriendo o algún sacrificio que hace, gana indulgencia parcial y se le borra parte de las penas que debía a Nuestro Señor por sus culpas.

3o. LA INDULGENCIA DE LA CARIDAD: consiste en que al hacer por amor de Dios una obra de misericordia al prójimo, se gana indulgencia parcial y se borra una parte de nuestras deudas para con Dios.

HACED PENITENCIA

LA SANTISIMA VIRGEN DIJO EN FATIMA: «Haced penitencia. Muchos pecadores se condenan porque no hay quien ofrezca sacrificios por ellos».

Cuando tengáis que sufrir decid: «Esto es por amor a Jesús y por la conversión de los pecadores».

QUE PENITENCIAS DEBEMOS HACER POR NUESTRA CUENTA? Un sacristán encontró a un joven quemando un papel en la Iglesia. Llamó al párroco para darle cuenta de aquella falta de respeto.

El sacerdote llamó la atención al joven y éste le explicó: "Padre, es que después de mi confesión **le ofrecí una penitencia a Dios por mis pecados:** quemé ante su altar la boleta que tenía para ir al baile de la discoteca en esta noche". Esa es una penitencia que vale y aprovecha. Otra penitencia sumamente provechosa es: **dedicar unos minutos al día para leer un libro religioso. Una tercera penitencia formidable:** hacer una obra de caridad: una limosna, un favor, tratar bien a las personas. Pero **la mejor quizás de todas las penitencias es:** aceptar con paciencia las penas y contrariedades que Dios permite que nos sucedan cada día. Esto lo llamaba Jesús: **"tomar la cruz de cada día",** y era la condición que exigía a todo el que quería seguirle.

UNA PENITENCIA QUE SALVA UN ALMA. Fue en un pueblo de tierra caliente. Una mujer de vida muy pecadora se confiesa el Miércoles Santo y de penitencia le ofrece a Dios: "en adelante no acepto amistad con ningún hombre corrompido". El Sábado Santo llaman al sacerdote: "Que una moribunda lo necesita". Es la misma mujer. Yace entre un charco de sangre, herida de cinco puñaladas. "Padre: como penitencia a Dios por mis pecados le ofrecí no aceptar amistad con ningún hombre corrompido. Uno me propuso que yo ofendiera a Dios y no lo acepté. Por eso me hirió. Muero feliz porque muero por no ofender a Nuestro Señor". Quién podrá dudar de la salvación de un alma así? Si la confesión la hacemos bien, necesariamente nos irá llevando a abandonar el pecado, cueste lo que cueste.

LO QUE DICE JUAN PABLO II ACERCA DE LA PENITENCIA EN LA CONFESION

"La penitencia no es un precio que se paga por el pecado ni por el perdón recibido. Esto no se puede pagar con ningún precio humano, y lo único suficiente para pagarlo fue la Preciosísima Sangre de Cristo".

"Las penitencias que impone el confesor no deben reducirse solamente a algunas fórmulas a recitar, sino que deben consistir en acciones de culto, caridad, misericordia y reparación".

Las penitencias que se hacen después de confesarse, recuerdan que después de la confesión queda todavía en el cristiano una zona de sombra debido a las heridas del pecado y al debilitamiento de la voluntad, y a la infección que dejó el pecado en el alma, lo cual es necesario combatir con la mortificación con la penitencia". (R. et Penitentia No. 31, 3).

PENITENCIAS RECOMENDADAS POR LOS SANTOS

SAN ALFONSO recomendaba como penitencia por los pecados dedicar cada día algunos minutos a leer un libro religioso. Y dice que esto cambiaba totalmente a las personas.

SAN JUAN BOSCO aconsejaba como la mejor de las penitencias sufrir con alegría las contrariedades que nos sucedan: frío, calor, hambre, sed.

TEXTOS DE JUAN PABLO II SOBRE LA CONFESIÓN

"Tened presente que todavía está vigente y lo estará por siempre en la iglesia la necesidad de la confesión íntegra de los pecados mortales y la norma en virtud de la cual para la recepción digna de la Eucaristía debe preceder la confesión de los pecados, cuando uno es consciente de pecado mortal" (Discurso, 30.I.81).

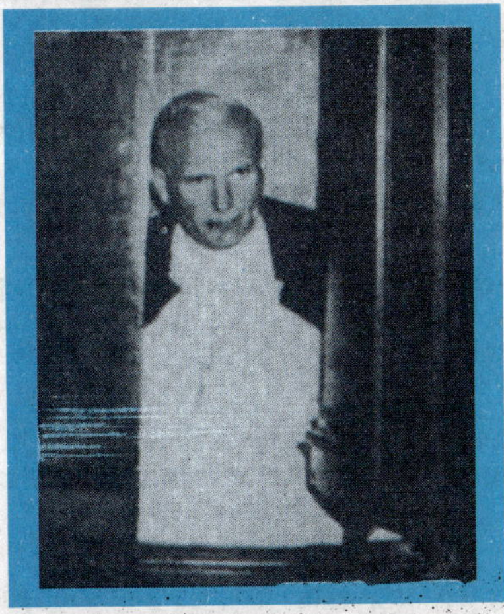

"Como sabéis, no se puede recurrir a la absolución general más que en circunstancias muy excepcionales. Además, la absolución colectiva no dispensa de la posterior confesión individual y completa de las faltas graves". (Alocución 1.IV.82).

Juan Pablo II perdonando al que trató de asesinarlo

4 MENSAJES DE JUAN PABLO II ACERCA DE LA CONFESION

1. "Recordad que quienes se acercan al sacerdote a confesar sus pecados encuentran alegría, sereni dad y paz para su conciencia".

(Hom.16-Feb.80)

2. "Tened la valentía de confesar vuestros pecados al sacerdote. Esto os hará libres y os dará fuerza para obtener nuevos triunfos espirituales".

(Marzo-80)

3. "Sacerdotes y catequistas: haced todo lo posible para que los fieles se confiesen frecuentemente y con las debidas disposiciones"

(Homilía 17-nov.-80)

4. "Mienten los que dicen que la confesión es represiva. La confesión no es represión sino liberación. No hace crecer el complejo de culpa sino que elimina el mal cometido y trae la alegría de sentirse pedonado".

(Homilía 5-mayo-79)

ENSEÑANZAS DEL SUMO PONTIFICE ACERCA DE LA ABSOLUCION GENERAL

El Papa Juan Pablo II en su documento "Reconciliación y Penitencia" de 1984, citando el Nuevo Derecho Canónico, dice:

"En el sacramento de la penitencia, los fieles que confiesan sus pecados a un sacerdote autorizado, arrepentidos de ellos y con propósito de enmienda, obtienen el perdón de los pecados, mediante la absolución dada por el sacerdote, y se reconcilian con la Iglesia a la que hirieron al pecar" (Palabras del Concilio Vaticano II, citadas en el Canon No. 959 de CDC).

"El único modo ordinario con el que un fiel consiente de que está en pecado grave, se reconcilia con Dios y con la Iglesia, es la confesión individual e íntegra, y la absolución del sacerdote" (Canon 960).

"Para que un fiel reciba **válidamente** la absolución general dada a varios a la vez, se necesita que se proponga firmemente hacer a su debido tiempo la confesión individual de todos los pecados graves que en las presentes circunstancias no ha podido confesar" (Canon 962).

"Quien recibió la absolución general, en grupo, debe acercarse a la confesión individual lo antes posible, y antes de recibir otra absolución general (Canon 963).

"Recuerden los católicos que el "camino ordinario" que Dios ha establecido para obtener el perdón es la confesión de los pecados al sacerdote.

"Sería insensato y presuntuoso querer recibir el perdón prescindiendo de la Confesión" (RP 31).

La confesión es un "acto judicial" pero no para llevar a la condenación del enjuiciado, sino para llevarlo a la absolución.

La confesión es un acto medicinal que no se hizo para condenar sino para curar. En ella al absolver nos fijamos más en la debilidad del pecador que en su mala voluntad (RP 31).

Es un tribunal para juzgar, y un sitio para curar, pero para ello se necesita la acusación sincera y completa de los pecados.

La confesión de los pecados ordinariamente debe ser individualmente y no colectiva. La absolución general reviste un carácter de excepción, y no queda a libre elección sino que depende de las normas dadas por el propio obispo (RP 32).

Hay que insistir a los fieles que al recibir el Sacramento de la Confesión tiene una gran virtud curativa y contribuye a quitar las raíces del pecado" (RP 32).

Confesarse es practicar la virtud de la obediencia hacia la Santa Iglesia que así lo ordena. **La Iglesia**

sigue enseñando que cada pecado grave debe ser siempre declarado, con sus circunstancias determinantes, en una confesión individual. Y quien haya ya recibido absolución general y colectiva, recuerde la obligación que tiene de confesar individualmente sus pecados graves antes de recibir otra absolución general (RP. 33).

Y quien autoriza las absoluciones generales sienta la grave carga que pesa sobre su conciencia, respecto a la ley y a la praxis de la Iglesia. Y no olvide advertir a los fieles que reciben la absolución general que deben hacer su confesión individual lo antes posible y que no recurran a una nueva absolución general antes de una confesión individual e íntegra de sus pecados (RP 33).

Y QUE DECIR DE QUIENES DESEAN RECIBIR LOS SACRAMENTOS DE LA CONFESION Y DE LA COMUNION PERO VIVEN EN CONCUBINATO O EN MATRIMONIO CIVIL, O EN UNION LIBRE O SON DIVORCIADOS VUELTOS A CASAR?

Responde el Pontífice: "La Iglesia nunca puede llamar bien al mal. La Iglesia desea invitar a sus hijos que se encuentran en estas situaciones dolorosas, **a acercarse a la misericordia divina por otros caminos, pero no por los Sacramentos de la Penitencia y de la Eucaristía,** hasta que no hayan alcanzado las disposiciones requeridas. **Que cumplan actos de piedad que no sean la recepción de estos sacramentos,** que procuren hacer un esfuerzo sincero por mantenerse en comunicación con Dios por medio de la oración; que asistan a la Santa Misa; que repitan con frecuencia actos de fe, de esperanza y de caridad, y hagan actos de contrición lo más perfectos posible, para que así vayan preparando el camino hacia la reconciliación plena, en la hora que solo la Providencia conoce" (RP 34).

Juan Pablo II, el 2 de diciembre de 1984.

• • • • • • • • • • • • • • • •

CONVIENE CONFESARSE MUY RECIEN COMETIDO EL PECADO? Ciertas precipitaciones para confesarse enseguida que se comete el pecado, lo único que buscan es verse libres de dolores, de remordimientos penosos y de amargura. Pero en los siglos pasados no se daba la absolución muy enseguida de haber cometido el pecado. Se exigía que hubiera un tiempo intermedio entre la falta y la absolución para que la persona alcanzara a hacer muchos actos de arrepentimiento y obras de penitencia y demostrar con serio propósito que sí estaba resuelta a mejorar de conducta. Así por ej. después de una noche de juerga y de pecado, irse a confesar al día siguiente: qué tiempo ha tenido para arrepentirse y hacer penitencia? A la media hora de haber insultado a otro, se confiesa? Pero en verdad sí hubo un espacio suficiente para hacer penitencia por esta falta? Cometió un aborto. Lo más lógico es que antes de ir a confesarse de ese horrendo crimen vaya en peregrinación a un santuario; ayude a los pobres; lea la S. Biblia y pida perdón muchas veces a Dios. Después sí ir a confesarse. (W. Tepe).

UN BELLO DISCURSO ACERCA DE LA CONFESIÓN

Uno de los más brillantes predicadores modernos, el Padre Evely, de fama mundial, pronunció no hace mucho en París un bello y breve discurso acerca de la confesión, que se ha hecho célebre. Dijo así:

Os quiero presentar un hombre que os ofrece una formidable posibilidad de volver a comenzar vuestra vida, cualquiera sea la edad que tengáis. Os presento un hombre que os propone "el negocio más redondo" del mundo: hacer de vosotros un ser nuevo, feliz, lleno de paz y esperanza. Hay alguien aquí con ganas de obtener tranquilidad para su alma? **Hay alguien aquí presente que quiera comenzar de nuevo a creer, a esperar, a amar,** a perdonar a todos y entenderse con todo el mundo? **Os presento al encargado por Dios de traer al alma tan grandes regalos: está sentado en un confesonario, aguardando vuestra sincera confesión.**

Pero, cuántos van a visitarlos? Si se tratara de curar nuestros reumatismos, nuestras bronquitis, nuestras várices, nuestras sinusitis, infartos y úlceras, allí estaríamos todos haciendo fila en el confesonario ¡Pero como se trata es de curar los males de nuestra alma, ya hemos inventado la fórmula para no ir a obtener la salud: "no tengo tiempo, no me nace, no estoy preparado... otro día... ya llegará la hora de hacerlo!".

Yo pregunto: **si se curaran nuestros males físicos, de veras nos volveríamos mejores?** Me atrevo a dudarlo! Pero en cambio sí con buenas confesiones vamos curando las enfermedades de nuestra alma, nos iremos volviendo más amables con los demás, menos renegones, más alegres, menos tristes, más generosos en dar y ayudar, menos mentirosos y murmurones, más puros, abnegados y sociables, y menos escandalosos y perezosos.

Supongamos que desde mañana **apareciera en el mundo una nueva ley de Dios en la naturaleza**: que en el rostro de cada uno se notasen los pecados que ha cometido. Una úlcera en la cara por cada pecado que no esté perdonado. Todos nos precipitaríamos hacia los confesonarios. Nadie se atrevería a volver a aparecer en público sin haberse confesado antes.

Pues **atención a esto:** los ángeles los santos y Dios, ven las almas. Por eso hay más alegría en el cielo por un pecador que se arrepiente y pide perdón, que por 99 que sean santos o que se creen santos y no van al sacramento de la penitencia.

Pero a quién le gusta confesarse? A los santos les gustaba y se alegraban al hacerlo. Pero a los que no somos santos nos agrada muy poco. Cuántos de los de aquí presentes sienten ganas de aplaudir cuando se les dice que vamos a confesar?

Sin embargo, **en tiempos de Nuestro Señor las cosas eran distintas.** Después de una confesión y de un perdón **era tanta la alegría, que se ofrecía un banquete.** Zaqueo invita a todos sus colegas pecadores a celebrar su conversión. Y el publicano Mateo dio semejante almuerzaso a todos los pecadores del vecindario para alegrarse de su cambio de vida. Cuando el hijo pródigo fue perdonado, se hizo un festín con ternero cebado y músicos profesionales. Y seguramente que el paralítico que fue bajado por entre un roto del techo de la casa y que obtuvo el don de la conversión y la curación, le ofreció después un solemne almuerzo a Jesús por la alegría de sentirse una vez más, amigo de Dios.

Hoy por desgracia no sucede lo mismo. Hemos visto a algún penitente volver de la Iglesia a su casa llevando del brazo a su confesor para celebrar un almuerzo, un banquete de alegría por haber recibido la absolución y haber recobrado la paz del alma y la amistad con Dios? Quién de nosotros ha mandado celebrar una misa en acción de gracias por haber sido perdonado por Dios? Cuál de los de aquí presentes es el generoso que ha ido a buscar una familia pobre para darle un buen mercado por la sola razón de que con esto quiere agradecer al Señor que por medio de su sacerdote le ha quitado los pecados?

ÍNDICE

Pág.: